THE CHOICE OF TECHNOLOGY CONVERGENCE MODES BASED ON
TECHNOLOGY DEVELOPMENT STRATEGY

企业技术融合
创新模式选择研究

基于技术发展战略视角

杨凤鲜◎著

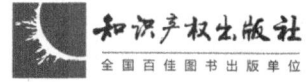

知识产权出版社

全国百佳图书出版单位

图书在版编目（CIP）数据

企业技术融合创新模式选择研究：基于技术发展战略视角/杨凤鲜著. —北京：知识产权出版社，2019.1

ISBN 978-7-5130-6048-6

Ⅰ．①企…　Ⅱ．①杨…　Ⅲ．①企业创新—研究　Ⅳ．①F273.1

中国版本图书馆 CIP 数据核字（2019）第 006592 号

内容提要

技术发展战略规划控制技术融合创新模式的选择和转换，在企业融合创新活动中发挥导向性的作用。企业技术融合创新模式的选择和调整必须服务并服从于技术发展战略。本书分析技术发展战略与融合创新模式之间的关系及作用机理；划分融合创新模式，分析各模式主要的特点及优势；从企业技术发展战略的角度分析影响融合创新模式选择的相关因素；构建企业融合创新模式选择研究模型，并进行实证检验。本书为企业的融合创新模式选择与转换提供依据，为企业持续发展潜力的培养和技术创新能力的提高提供建议和指导，具有重要的理论意义和实践意义。

责任编辑：韩　冰	责任校对：王　岩
封面设计：邵建文	责任印制：孙婷婷

企业技术融合创新模式选择研究

基于技术发展战略视角

杨凤鲜　著

出版发行：知识产权出版社 有限责任公司	网　　址：http://www.ipph.cn
社　　址：北京市海淀区气象路 50 号院	邮　　编：100081
责编电话：010-82000860 转 8126	责编邮箱：hanbing@cnipr.com
发行电话：010-82000860 转 8101/8102	发行传真：010-82000893/82005070/82000270
印　　刷：北京建宏印刷有限公司	经　　销：各大网上书店、新华书店及相关专业书店
开　　本：720mm×1000mm　1/16	印　　张：13.5
版　　次：2019 年 1 月第 1 版	印　　次：2019 年 1 月第 1 次印刷
字　　数：210 千字	定　　价：59.00 元

ISBN 978-7-5130-6048-6

PREFACE 前 言

面临市场需求变化加速、产品更新换代时间缩短、非连续技术变化不断涌现的竞争环境，技术融合创新以其有效应对技术与需求交错发展局面的优势，正逐渐成为企业普遍采用的创新方式。融合创新依据对技术系统中被融合的专门技术的创新度及融合架构的创新程度的不同，可以划分为不同的融合创新模式。企业不同融合创新模式的实施和转换，与企业创新能力相互促进，并呈现一种螺旋式上升的循环过程，伴随的是企业竞争优势和发展潜力的不断积累和不断升级。而企业技术发展潜力及竞争优势的培养是技术发展战略的重要内容。为了通过创新培养核心竞争优势，企业需要根据技术发展战略规划的目标和要求，选择和实施融合创新模式。明确的技术发展战略是企业进行技术融合创新的原则和依据，而技术融合创新是技术发展战略实现的途径和载体。技术融合创新中，技术发展战略的缺失或错位往往导致技术融合创新的优势不能正常发挥出来，阻碍技术创新能力的提高和竞争优势的建立。

技术发展战略规划控制技术融合创新模式的选择和转换，在企业融合创新活动中发挥导向性的作用。企业技术融合创新模式的选择和调整必须服务并服从于技术发展战略。本书认为，从技术发展战略角度对影响技术融合创新模式选择的影响因素展开深入研究，将为企业的融合创新模式选择与转换提供依据，为企业持续发展潜力的培养和技术创新能力的提高提供良好的建议和指导，进一步对促进产业整体实力的增强，改变我国整体技术实力落后的局面，提高我国创新竞争力具有重要的理论意义和实践意义。

　　技术融合创新，是企业以市场为导向，通过将不同领域的知识和技术系统地融合在一起，以开发出具有优势互补、功能倍增效应的新技术、新产品、新工艺的过程。在技术融合创新中，企业将多种不同领域的技术单元以及定制化元件，按照一定的规律或层级结构连接在一起，融合成一个具有优势互补、协调配合的技术系统。根据企业对产品/技术系统中被融合的专门技术单元及整体融合架构的不同创新程度，将技术融合创新划分为不同的模式：复制式融合、改良式融合和嫁接式融合。技术融合创新模式的正确选择和实施是决定企业创新成败、增强企业核心竞争力的核心环节。多种因素影响融合创新模式的选择，包括技术发展战略、企业规模、产品模块化程度、技术市场健全程度等。其中，技术发展战略引领、规划和指导技术融合创新模式的选择过程，融合创新模式的选择、实施与控制是企业技术发展战略的重要内容，因此，技术发展战略是影响融合创新模式最主要和直接的因素。根据战略分析理论，技术发展战略因素包括很多维度：宏观环境、产业环境、企业内部条件、战略目标、战略实施与控制因素等。这些因素对技术融合创新产生不同的影响。

　　借鉴前人研究和对不同技术融合创新模式的特点分析，本书认为对企业技术融合创新模式选择产生影响的主要战略因素包括：战略环境、战略资源与能力、战略目标、战略阶段四个维度。其中，战略环境维度包括市场需求差异性、市场需求变动性、行业竞争策略、行业技术发展状况四个因素；战略资源与能力因素包括创新资源投入、技术积累水平、吸收/学习能力三个因素；战略目标维度包括战略目标侧重、战略市场领先和战略市场追随三个因素；战略阶段因素共 11 个研究变量。本书根据研究变量建立框架模型，相应地设计了研究假设。然后，通过文献研究、访谈和专家意见等形式完成了调查问卷，并通过问卷发放收集了足够样本的数据。经过问卷筛选，对所收集的有效数据进行了描述性分析、信度和效度的检验、相关性分析和回归分析，从而得到了回归模型，最后对研究模型和初始假设进行了验证。研究结论主要是：

　　第一，市场需求的变动性和行业技术成熟度对技术融合创新模式选择具有显著正向影响。市场需求变动性越大，产品更新换代的速度就越快，企业不得不加快产品创新和推出市场的速度，因而适宜采用改良式或嫁接式融合创新模式。而高成熟度的技术环境，为企业采用更高阶融合创新提供了技术资源和使创新成果实现的技术支撑环境。

第二，企业战略资源与能力正向影响融合创新模式选择。这与已有文献中相关研究成果相一致。创新资源和创新能力是企业进行技术创新并建立竞争优势的基础和必要条件。不同的融合创新模式，需要不同的企业创新资源和能力作为其支撑条件。尤其是改良式或嫁接式融合，作为一种比较复杂的创新方式，对企业的资源和能力提出了更高的要求。

第三，战略目标选择及侧重对技术融合创新模式选择行为有显著影响。面对技术持续发展长期目标与短期技术实现利益的冲突，注重长期持续发展的企业选择高阶的融合模式；注重短期技术实现目标的企业，倾向于选择低阶模式；追求行业领先的企业，倾向于通过嫁接式融合创造全新的产品，或通过改良式融合不断推进产品更新换代和性能升级；而定位于技术追随型企业，与融合模式反向关系没有被证实，实际上从相关关系来看，希望成为技术追随型的企业也会选择较高阶的融合模式。

第四，企业所处的战略阶段对融合创新模式选择有影响。为了更有序地实施和控制技术发展战略过程，战略目标的实现可以划分为多个阶段的具体任务和子目标。根据企业发展过程中不同阶段的资源条件、能力水平和外部市场环境，可以将战略发展阶段划分为战略初级、中级和高级阶段，企业在每个阶段选择的融合模式也不同。实证检验表明，企业在战略发展初级阶段选择低阶融合模式，在战略发展高级阶段选择高阶融合模式；同时说明，企业会随着战略发展阶段的变迁，进行融合模式转换。

本书的创新之处主要体现在以下三个方面：第一，企业技术融合创新模式的提出。本书从企业融合创新过程中，依据对被融合的专门技术及融合架构的创新度角度，提出了技术融合创新的三种模式，即复制式融合、改良式融合和嫁接式融合，完善了技术融合创新相关理论。第二，从技术发展战略视角提出技术融合创新模式选择理论模型。技术发展战略与技术融合创新模式具有密切联系，因此本书基于技术发展战略视角，将战略环境、战略资源与能力、战略目标、战略阶段四个维度纳入研究框架，建立了技术融合选择理论模型，为技术发展战略理论在融合创新领域的扩展起到了一定的探索作用。第三，从企业技术创新活动的动态维度出发，探讨技术融合创新模式的未来转换路径是本研究的另一个创新之处。企业不仅需要在某一时点上选择恰当的融合创新模式，而且随着企业自身条件和外界环境变化需要适时调整融合创新模式。因此，本研究除了分析当前战略因素对融合创新模式选择的影响外，还分析了技术融合创新模式变迁过程及方向、融合模式调整与企业资源和能力提升关系等。

目 录
CONTENTS

第 1 章

绪　论

现代技术的迅猛发展，在深刻地改变人们生活和生产方式的同时，展现出新的特点和规律：技术体系的迅速膨胀、技术的互补效应不断加强、不同领域间的技术扩散速度持续升级、渗透范围逐渐扩大、技术关联越发紧密等。不同领域间的技术流动成为现代技术发展最显著的特征，某一领域的技术进步越来越依赖于其他领域的技术变化。在各领域技术交错发展、交互融合的态势下，技术融合创新模式在企业创新活动中的应用越来越广泛。技术融合使技术超越领域限制，跨越产业或企业边界，在更广阔的范围相互融为一体，融合形成的新产品和新技术系统具有更好的应用广泛性和市场兼容性。

1.1　研究背景

技术创新是推动经济可持续发展和社会全面进步的重要力量。随着中国经济的发展和进步，我国已经成为全球经济的一个重要组成部分，日益成为推动全球经济和社会发展的重要力量。在这种高度开放和国际化条件下，企业面临国内和国际竞争的巨大压力，面临复杂多变的竞争环境和不断涌现的非连续技术变化。与此同时，消费者对产品需求的变化速度也越来越快，使得产品的更新周期日益缩短，这要求企业迅速将技术可能性与市场需求联系起来。加之我国企业本身的局限性，如企业创新投入规模不足，技术基础薄弱，缺乏技术创新的潜力等。这些问题决定了传统的技术突破模式无法适应我国企业技术发展的需要，迫切需要选择新的符合现有资源条件的创新模式来提高企业技术创新绩效。

近年来，随着数字技术与其他产业技术的交叉发展，技术融合创新模式被更多创新主体采用，由多种技术所组成的复杂产品的比重不断上升。技术融合创新扩大了技术创新可能的集合，为企业提供了无限的技术创新选项和创新来源，能够帮助企业克服制约能力成长和产品开发的技术瓶颈；同时，融合创新可以将广泛的外部技术资源与企业自有技术有效结合，既节省了企业的创新支出与投入，又可以使企业将精力集中于核心技术的创新和研发，保持技术学习和技术创新的主动权；相应地，融合创新通过避免重复研发，提高了研发速度，缩短了产品推出市场的时间，能够快速响应市场需求变化，有利于企业抢占市场先机，率先推出新产品。上述几方面原因使得技术融合创新在企业技术创新活动中的应用越来越广泛。

企业技术融合创新逐渐引起国内外学者的广泛关注。从不同的角度分类，技术融合创新可以划分为不同的融合模式。而不同的融合创新模式具有不同的特点及适用条件，并对企业技术发展战略的实现及竞争优势的培养产生不同的影响。适宜的融合创新模式的实施与转换可以与企业创新能力相互促进，呈现一种螺旋式上升的循环过程，伴随的是企业竞争优势与发展潜力的不断积累和不断升级。而企业技术发展潜力及竞争优势的培养是技术发展战略的重要内容。王笛（2003）通过分析提出，公司整体技术水平与竞争力的巩固与提高，必须有规划、有组织、系统地进行，技术发展战略在其中起着关键的作用。

企业技术创新活动必须以技术发展战略作为指导原则和总体方针，技术发展战略的目标是通过企业的技术创新活动的实施，提高企业的技术创新能力，培育核心竞争力（胡宜挺和李万明，2005）。技术发展战略统领、指导创新活动的制定、实施等整体过程，通过制定明确的技术远景目标及长期的技术发展规划和指导性的措施、对策，在企业技术创新活动中起着导向性的作用，并使企业决策者有足够的勇气和耐心，在中长期开展技术创新和技术储备工作。技术融合创新是企业目前普遍采用的一种创新方式，对其实施过程的规划和控制是技术发展战略的重要内容。也就是说，为了确保技术创新活动的顺利实施，企业必须根据技术发展战略的要求选择融合创新模式，合理分配和利用各种资源，实施技术融合创新。明确的技术发展战略是企业进行技术融合创新的原则和依据，而技术融合创新是技术发展战略实现的途径和载体。技术融合创新模式的选择和调整必须服务并服从于技术发展战略。

2011 年的《全球竞争力报告》中，对各主要国家发展潜力和创新力进行了排名比较，我国企业由之前的第 34 位上升到第 29 位。虽然我国企业的创新力和竞争力较以往有了很大提升，但我国企业与世界先进国家企业相比仍有很大差距。《中国产业竞争力报告》也指出了我国经济发展中存在的问题，包括经济总体发展不平衡，产业结构不合理，企业的创新投入和创新动力严重不足，产业平均技术水平较低。尽管我国经济总量于 2012 年已达世界排名第二位，但如果不从根本上提升我国企业的自主创新水平和竞争力，我国企业和总体经济的可持续发展将受到严重制约。❶ 提高企业技术创新能力和竞争潜力，已成为企业实现可持续发展的迫切要求。

根据竞争战略的能力观，企业技术创新能力的培养和核心竞争力的建立是一个循序渐进的过程。企业在技术创新活动中逐渐积累技术知识并不断提高创新能力，在知识积累和技术逐级递进过程中逐步积累企业核心竞争优势，这是技术创新的重要特征。企业为了获取持续的核心能力，进行技术创新是一种必然选择。为了培养自己的核心竞争优势，企业必须从技术发展战略的高度上指导技术创新实践。因此，将技术融合创新模式与技术发展战略结合起来，基于技术发展战略视角研究企业融合创新模式选择活动对企业建立自主创新体系，提高自主创新能力，实现可持续地生存与发展具有重要的意义。

现有研究中，关于技术融合创新和技术发展战略的研究较为丰富，但将技术融合创新与技术发展战略联系起来，从战略角度研究融合创新模式选择的研究还不多，忽视了技术发展战略与技术融合创新模式之间关系的深入分

---

❶ 数据来源：潘寅茹. 世界经济论坛《全球竞争力报告》出炉 [N/OL]. 第一财经日报, 2012-09. http://www.yicai.com/news/2012/09/2055834.html.

析。本书对相关文献进行了整理和分析，发现技术发展战略与企业技术创新活动有着深刻的关系：技术发展战略引导技术创新方向（张平亮，2006），影响技术创新过程（Cooper，1995；Clayton M. Christensen，1998）等；部分学者还研究了技术发展战略与创新模式选择之间的关系（Jeffrey G. Covin，1993；安同良，2003）。本书在借鉴这些结论的基础上，分析技术融合创新模式，然后从技术发展战略角度研究技术融合创新模式选择问题。

综上所述，基于技术发展战略视角的融合创新模式选择研究为企业的创新活动及持续发展潜力的培养提供良好的建议和指导，促进企业技术创新能力和产业整体实力的提高，进一步对提高我国自主创新能力，增强国际竞争力具有重要的理论意义和实践意义。基于此，本书从与企业技术发展战略的资源、市场、阶段、战略目标等方面，全面分析各战略维度对融合创新模式选择的影响机理。

1.2 研究问题及相关概念界定

1.2.1 主要研究问题

本研究立足企业技术发展战略视角，根据企业对技术系统中被融合的专门技术创新度和对融合架构的创新程度的不同将融合创新划分为三种模式，探讨企业技术发展过程中的技术融合创新模式和模式选择及转换问题。具体探讨以下三方面的研究问题。

（1）技术融合创新模式分类及其特点分析。

结合融合创新模式及技术系统相关研究，依据企业对技术系统中被融合的专门技术及融合架构的创新程度的不同，划分融合创新模式，进一步分析各模式的主要特点及优势。

（2）从企业技术发展战略的角度分析影响融合创新模式选择的相关因素。

通过理论分析和定性研究的方法，分析技术发展战略与融合创新模式之间的关系及作用机理，分析技术发展战略资源、能力、市场、发展阶段、战略目标等各维度因素，如何影响融合创新模式的选择与转换。

（3）构建企业融合创新模式选择研究模型。

基于技术发展战略视角，将影响融合创新模式选择的战略环境、战略资源与能力、战略目标因素、战略阶段因素四个维度纳入研究框架，建立了技术融合模式选择理论模型。然后，进一步研究各维度的测量变量，通过实证研究，验证与技术发展战略相关的各维度因素与融合创新模式选择的关系。

1.2.2 相关概念界定

任何研究都应始于研究对象内涵及范畴本身。本书主要研究基于技术发展战略视角的企业技术融合创新模式选择问题。因此，首先需要对技术融合创新、技术发展战略、技术融合创新模式划分等进行概念阐述。

1. 技术融合创新

在技术融合创新领域，H. K. Tang（1998）认为技术融合创新是指在对市场需求充分把握的基础上，利用丰富的技术资源创造出符合市场需求的产品。D. T. Lei（2000）认为技术融合强调将不同技术深度融合以形成新技术和新产品。

分析技术发展的轨迹，我们可以看到，科学技术在沿着向越来越专精的方向深入发展的同时，出现了通过融合各专门技术而形成多功能、多适应性的新技术产品的发展趋势。手机就是融合了多门类技术的典型代表。本研究认为：技术融合创新，是企业以市场为导向，通过将不同领域的知识和技术系统地融合在一起，以开发出具有优势互补、功能倍增效应的新技术、新产品、新工艺的过程。

"融合"与"集成"含义相近，但又有不同的外延。一般"集成"是将一些孤立的事物或元素通过某种方式集中在一起，产生联系，从而构成一个有机整体的过程。集成后的技术可以分清原技术的界限，如电脑主板集成了显卡、声卡和网卡，CPU 芯片可以集成上千万个半导体零件等。"融合"包括"集"，即将两种或多种不同技术集合在一起；此外，"融合"还包含"融"，不同技术融为一体，不一定能分清原来技术的界限，如将机械技术与电子技术相融合产生的机器人技术，通信技术与计算机技术结合产生计算机网络通信技术等。因此，融合创新包含集成创新，其内涵和外延大于集成创新。

技术融合创新中所集、融的"技术"，既来源于企业自主研发或自主创新的原始技术或改良技术，也可以是以元件、模块等物化或非物化形式从外部获取的技术，既可以是对被融合的某项技术或模块的创新，也可以是对融合架构的创新。"创新"体现在这些技术是在该技术系统中的首次引入与成功应用。

2. 技术发展战略

战略主要涉及企业的远期发展目标和方向，并在发展的过程中配置内部资源以适应竞争环境的变化，以达到预期目标（Chandler，1962）。陈玥希和蔡建峰（2005）认为技术发展战略建立在企业的总体发展战略基础上，是战略管理在企业技术领域的应用，包括企业技术发展整体的、长远的规划和目标确定过程，以及实现目标和规划的对策。技术发展战略建立在对企业明确定位的基础上，并服务于企业中、长期目标。企业通过技术发展战略的实施，形成自己的核心技术能力，并树立企业的核心竞争优势（杨省贵和张平，2002）。储雪林（1997）认为技术发展战略可以体现企业竞争战略和各职能战略中的很多方面。

3. 技术融合创新模式

创新理论学者基于不同的研究目的对技术融合创新进行了分类：有的从技术融合产生的效应将其划分为替代融合和互补融合（D. T. Lei，2000）；有的从不同技术来源角度将其划分为技术共享、技术并购、技术许可（徐晔和黎翔，2012）；有的从技术融合创新中技术的新颖程度角度将其划分为渐进式融合和革命式融合（Iansiti，1998）。

企业基于技术发展战略选择融合创新模式，既要分析融合效应又要分析融合创新度，既要分析创新能力约束，又要前瞻战略阶段转换，因此，本书依据对被融合的专门技术创新度及对融合架构的创新度，将技术融合创新分为复制式融合、改良式融合和嫁接式融合。

1.3 研究意义

1.3.1 理论意义

（1）完善企业技术发展战略理论。融合创新是企业实施技术创新的一种新模式，也是实现企业技术战略的一种新途径和手段。随着融合创新在企业技术发展中的普遍采用，有必要分析技术发展战略对技术融合创新的影响关系。本研究通过研究技术发展战略因素对融合创新模式选择的影响机理完善了技术发展战略理论。企业如何实施技术融合成为企业进行融合创新首要考虑的内容。企业技术发展战略任务范围包括企业技术创新活动的所有内容（许庆瑞，2000），当然也包括在融合创新过程中，企业技术发展战略对融合创新模式选择的规划与指导。因此，基于战略视角对企业不同融合创新模式的选择完善了企业技术发展战略的研究内容。此外，从技术战略的战略目标实现角度，不同类型的技术发展战略的实现需要不同的融合创新模式与之匹配，从而为技术发展战略的实施提供理论意义上的指导。

（2）丰富融合创新模式理论研究。已有的创新模式划分从创新源角度分为自主创新、模仿创新、合作创新。随着技术体系的迅速膨胀，技术流通速度的加快，产品复杂程度的提高，消费需求的个性化和多样化，导致企业的一项创新活动中可能同时存在多种技术创新类型。一项新产品、新工艺、新技术的完成可能既需要企业自主研发一部分技术，也需要模仿、引进一部分技术，在这一过程中需要多个技术主体密切合作，才能将这些技术融合为一个有机的技术体系，以发挥整体最优功能。现有关于技术融合的研究中对融合创新模式划分的研究较少，厉无畏（2002）等学者从产业边界视角进行划分，汤文仙（2006）从融合前后产品替代或互补程度角度划分，这些研究从产业技术扩散、市场竞争角度分析融合创新的动力及融合产品市场竞争力，很少有直接从企业技术融合创新过程出发研究融合创新模式的划分。本研究依据企业对被融合的专门技术及融合架构的创新程度的差异，将融合创新划分为不同的模式，丰富了融合创新模式研究。这种分类方式既符合企业发展现实，也符合目前的创新环境，研究结论更容易应用于企业创新实践，指导企业技术创新行为。此外，基于技术发展战略视角研究企业对不同模式选择和转换的分析，丰富了融合创新模式选择理论。

（3）对相关研究提供了实证支持。通过实证研究方法，构建技术发展战略角度对融合创新模式选择的影响因素概念模型。以往对于相关问题的研究，多从某个因素入手，或从某几个因素入手，通过案例研究、规范研究、实证数据研究等方法进行分析。本研究试图基于技术发展战略理论分析，在前人研究的基础之上，从目前企业所处的创新环境出发，通过收集我国企业技术融合创新的一手数据，以科学的统计分析方法，构建一个基于技术发展战略视角的企业技术融合创新模式选择影响因素的理论模型。

1.3.2 实践意义

（1）研究成果有助于指导企业技术创新活动的顺利实施。通过研究影响企业进行融合创新模式选择的因素，指导其选择恰当的融合创新模式。适宜的融合创新模式选择，使企业可以科学配置内外部技术资源，充分发挥内部技术优势并利用外部技术弥补自身不足，提高创新活动的成功率，避免重复研发，降低创新投入成本。这不仅有利于企业在现在的竞争条件下获得生存，而且有利于企业不断积蓄未来发展的能力。如果企业选择模式不正确，不仅损害企业技术创新绩效，甚至会威胁企业生存。模式选择需要与企业自身资源和能力相匹配，太超前会浪费大量研发资源而无果，太落后不仅会付出大笔外部技术获取费用，而且不利于企业能力发展，影响企业利润。模式选择也需要与外部技术条件、市场竞争环境等因素相匹配，否则会失去市场先机。

（2）技术发展战略视角的实证结论，将成为企业培养内在核心能力途径选择的依据。企业在技术发展战略指导下进行融合创新模式选择，才能促使其不断积累技术知识和技术创新能力，应对不断变幻的外界环境，实现企业长远发展。适合企业的融合创新模式不是静止不变的，企业需要根据发展阶段、自身条件及外部环境的动态变化，调整融合创新模式。企业长期以外部技术为主导或总是改进外部技术，不利于形成自己的核心能力和自主知识产权，处处受制于其他企业。而且当外界条件变化时，企业没有能力及时调整创新模式，无力应对外界环境变化。如果外界技术成熟，并且市场也趋于成熟，企业仍以自我研发为主，会造成重复研发，浪费很多创新资源。因此，基于战略视角的融合创新模式选择，客观上要求企业提前积累相关的技术创新能力及内在的核心能力，以应对动态的创新环境变化，及时抓住技术机会或市场机会。

（3）促进企业的战略目标实现及获得可持续发展。基于战略视角的融合创新模式选择保证了企业在不同的条件下适时调整融合创新模式，依据战略目标确定融合创新模式转换路径，以及不断积累实现战略目标所需的自主创新能力及创新资源，朝向企业战略目标不断前进。同时，基于战略视角的技术融合创新活动保证了企业发展的前瞻性，有利于企业提前感知市场竞争中的风险，发现技术机会，并在当前竞争优势不可避免出现衰退时及时寻找新的增长点，对实现企业的可持续发展具有重要的指导价值。

（4）提高我国整体创新能力及国际竞争地位。随着我国改革开放的深入发展，国际地位的提高，我国企业与国际经济的联系更加紧密。在开放环境下，我国企业发展需要深远的战略意识、敏锐的战略眼光和正确的战略决策。基于技术发展战略视角的融合创新模式发展路径为我国企业借助国内、国外两种资源，利用国内、国外两种市场，循序渐进提高自主创新能力，摆脱对国外技术的依赖状态，在根本上增强企业竞争力指出了一条发展路径。

1.4 研究方法和技术路径

1.4.1 研究方法

研究方法影响到研究结果的可靠性和研究的整体价值，因此选择合理的研究方法在理论研究中非常重要。本研究采用实证研究法，设计调查问卷进行数据收集，并对调查数据进行统计分析。具体步骤为：首先通过研读文献和理论推导，建立本书的研究框架，并提出理论假设；然后设计、发放调查问卷进行实证分析，并验证提出的相关理论假设；最后通过对假设的检验，得出本书结论，并提出相关建议。

1. 文献研究法

通过学校提供的丰富文献资料和数据库系统，如 Elsevier、Emerald、Web of Science、Ebsco 等以及 CNKI 中国知网、维普期刊、万方数据库等数据库系统，同时利用网络搜索引擎，如 Google Scholar 等围绕技术融合、融合模式、技术发展战略等关键内容查询相关文献。查询资料后，对文献进行整理、泛读，对研究方向有一个整体把握，并从中选出本领域的重要文献和重要专家的文章深度阅读，追踪本领域最新研究成果；然后总结与本研究相关的概念、理论，分析常用的研究方法，并进行归类整理，建立文本知识库和知识体系，并及时增加、补充、扩张相关知识和理论。通过以上文献调研，形成对本研究理论的整体认识，再通过缩小研究范围，聚焦到本书的论点上，对其进行深度挖掘和解读，最终提出本研究的概念、研究模型和研究假设。

2. 实证研究法

实证研究法是本书采用的主要研究方法，在文献解读、分析和理论研究的基础上，提出本书的相关假设，构建研究模型，然后进行问卷设计，发放问卷收集数据，利用多元回归分析数据并验证提出的假设。问卷设计是本书收集数据的主要方法，为了保证数据的科学性、真实性，对问卷题目和调查对象进行了严格的规范控制。本书采用 SPSS 统计分析工具，对数据进行整理，得出结果后对结论进行进一步讨论。

1.4.2 技术路径

本研究的分析框架从企业技术融合创新实践中遇到的问题出发，在对国内外相关文献进行系统梳理的基础上，提出基于技术发展战略视角的企业融合创新模式选择的概念模型。本书遵循规范的实证研究法对研究假设进行验证，对数据统计处理结果进行分析和讨论，最终形成关于企业如何进行技术融合创新模式选择的研究结论。研究技术路径如图 1-1 所示。

```
┌──────────────┐        ┌──────────────┐
│  企业实践分析  │        │  初步文献阅读  │
└──────────────┘        └──────────────┘
        │                       │
        ▼                       ▼
┌──────────────┐        ┌──────────────┐
│ 相关理论与文  │───────▶│  企业实践    │
│ 献分析与整理  │        │  问题总结    │
└──────────────┘        └──────────────┘
              │         │
              ▼         ▼
        ┌──────────────┐
        │  研究理论建构  │
        │  确立研究框架  │
        │  发展研究假设  │
        └──────────────┘
              │
              ▼
        ┌──────────────┐
        │  研究变量发展  │
        │   问卷设计    │
        │  问卷发放与回收 │
        └──────────────┘
              │
              ▼
        ┌──────────────┐
        │   数据分析    │
        │   模型验证    │
        │  分析结果与讨论 │
        └──────────────┘
              │
              ▼
        ╭──────────────╮
        │  结论与建议   │
        ╰──────────────╯
```

图 1-1 研究技术路径

1.5 研究创新点及难点

1.5.1 研究创新点

(1) 企业技术融合创新模式的提出。现有关于技术融合及其模式的研究，更多地从技术融合中技术之间的关系、技术来源等角度进行分类研究。随着产品技术复杂性的升级、技术来源的开放性和技术获取方式的多样化，现有的技术融合创新模式划分方式逐渐不能适用于当前技术环境发生的新变化，迫切需要新的技术融合模式划分方式。本书结合企业进行技术融合创新的实践，从技术融合创新的实质过程与内容出发，尝试提出一种新的融合创新模式划分方式，即根据企业对被融合的专门技术创新度及对融合架构的创新度的差异，将技术融合创新划分为复制式融合、改良式融合和嫁接式融合模式。融合创新模式的选择以及伴随其实施过程的技术创新能力的培养和提升规划是技术发展战略的重要内容，从而扩展和深化了融合创新模式理论。

（2）从企业技术发展战略视角提出技术融合创新模式选择理论模型。以往国内外学者多基于技术关系或环境因素等单一维度对技术融合创新模式的影响因素进行分析。然而，企业更需要一个可以从局部到整体、从现在到未来，从技术发展战略全局角度考虑如何实施技术融合创新的分析视角。这样，企业不仅要考虑当前企业资源、能力条件，外部市场和行业环境对技术融合创新模式选择的影响，还需要考虑战略目标、战略实施与控制等因素的影响。正是基于这样的考虑，本研究基于前期大量的文献阅读和分析，以及中后期的理论推导和实证分析，试图构建一个技术发展战略视角的研究模型，并提炼出关键因素，进行深度分析，以求在深度和广度上都有创新。

（3）引入企业技术创新持续发展的动态因素，探讨技术融合创新模式的未来转换路径是本研究的另一个创新之处。企业不仅需要在某一时点上选择恰当的融合创新模式，而且随着企业自身条件和外界环境变化需要适时调整融合创新模式。因此，本研究除了分析当前战略因素对融合创新模式选择的影响外，还分析了技术融合创新模式变迁过程及方向、融合模式调整与企业资源和能力提升的关系。企业长期实施一种融合模式不利于企业创新能力和动态能力的培养及创新资源的持续积累。企业的持续发展需要不断根据条件变化及发展目标选择融合创新模式调整路径，并不断培养、积累支撑企业融合模式适时转换的创新能力和支撑条件。

1.5.2 研究难点

（1）影响企业创新行为的因素众多，从技术发展战略中识别出对技术融合模式选择有影响的有效因素较为困难。目前理论界对于影响融合创新的因素有不同的维度和视角，主要集中于融合创新能力的影响因素、融合创新绩效影响因素、技术特性影响因素等。从中可以看出，各种因素纷繁复杂，各种研究视角也有交叉，如何将这些因素归类，并逐一分析后，通过理论推导建立初步的基于技术发展战略视角的企业技术融合创新模式选择因素模型，同时达到因素选择与问题相关，而不面面俱到，这是对笔者在理论推导方面的重大挑战。

（2）模型的建立及变量的测量。关于技术融合创新模式的选择模型在前人的研究文献中少有涉及，尤其是关于三种模式构想的题项设计，由于没有相关问卷作为参考，要建立合理有效的研究模型是本研究的难点之一。在对变量的测量与统计中，因各行业不同企业的融合创新行为可能受到不同行业特性限制，变量的权重影响力差异可能较大，这也是本研究在进行实证研究时可能遇到的困难。所以研究结果可能会有误差。笔者将努力把误差降到最低限度，以达到预期的研究目标。

1.6　本章小结

本章概述性地介绍了本研究的目的、基本内容和实现路径等。

（1）介绍了本研究的研究背景和问题的提出。竞争环境的变化和长期竞争优势的建立要求企业在融合创新中考虑技术发展战略因素，以往研究中对技术发展战略在融合模式选择中的重要性认识还不足，因此提出基于技术发展战略视角的融合创新模式选择命题非常有必要。通过实证研究法，对其进行理论构建和验证是一次有益的尝试。

（2）阐述了研究意义和研究中涉及的主要概念。主要概念有技术融合创新、融合创新模式、技术发展战略。

（3）阐述了研究内容和展示了研究框架。研究内容以融合创新模式的提出、技术发展战略与融合创新模式的关系、研究模型建立为中心，探索技术发展战略角度影响融合创新模式选择的因素模型。

（4）简要介绍了技术路线和研究方法。

（5）概括了本研究的主要创新点。

第 2 章

技术融合与技术战略理论研究综述

国内外理论界基于企业的技术发展战略视角，对技术融合创新模式选择的相关问题研究，大多是建立在技术发展战略、技术创新及技术融合创新等理论基础之上的。其中有关技术融合创新模式的划分、融合创新技术系统、技术发展战略分析因素、技术发展战略与技术创新绩效之间的关系等相关研究，对本研究在建立概念模型方面起到了非常重要的基础理论贡献作用。

2.1 技术融合创新

2.1.1 技术融合创新相关理论研究

目前国内外学者还没有对技术融合创新这一概念达成一致定义，这主要是因为技术融合创新既涉及多个技术创新主体，又包含跨领域的多种技术。一直以来，研究者们从自身的研究领域及研究角度出发，对技术融合创新展开研究，并提出了不同的概念，如技术集成（Technological Integration）、技术融合（Technology Fusion）以及技术会聚（Technological Convergence）等，这些研究侧重点会存在差异，但研究内容上有很多重合之处。

1. 技术会聚（Technological Convergence）

技术融合研究始于 20 世纪 60 年代，1963 年 N. Rosenberg 通过观察金属加工、机械制造等不同产业的发展过程，发现许多相似的技术应用于不同产业，如金属切割、打磨等。虽然不同产业生产不同的产品，但在生产过程中存在很多相同生产流程的技术问题，这是由于这些产业在技术基础方面存在很多密切的联系，N. Rosenberg（1963）把这种相同的技术基础称为技术会聚（Technological Convergence）。技术会聚强调不同产业的技术关联是产业融合的原因，并以此来阐释现代行业发展过程，这为之后的专家研究技术会聚奠定了基础。D. T. Lei（2000）认为技术会聚的含义是，某个产业的技术可以影响其他产业的产品创新、生产流程并改变它们，这是由含有跨领域技术产品的出现以及由此引致的产业结构、产业边界的模糊性、渗透性增强引起的。Fai 和 Tunzelmann（2001）认为技术会聚是其他产业技术发展影响某产业技术变化的过程。Hackln、Raurich 和 Marxt（2005）认为技术会聚的出现表明产业间知识交流和沟通可以转化为技术创新机会，并实现新的技术整合和技术发展。

2. 技术融合（Technology Fusion）

F. Kodama（1995）通过对技术会聚的研究和产业发展的观察，提出技术融合（Technology Fusion）的概念：技术融合是一种技术发展方式，通过这种方式把分散在不同领域的已有技术融合成一种新的技术并在产业中应用。他认为技术融合还可以赋予新技术以全新的性能，而不是不同技术的简单互补和叠加，并以此创造新的产品和新的市场。

D. T. Lei（2000）认为技术融合更注重企业实践，与技术会聚相比它更有益于开发新产品和新技术，因此公司应将其作为提高竞争优势的方法和途径；H. K. Tang（1998）进一步强调技术融合是在市场需求和多种技术之间创造新的利润增长点，对技术需求的把握是其逻辑起点。

技术融合要注重市场需求，融合创新围绕市场需求配置其要素、资源，这些创新要素不是简单地组合在一起，而是通过协调磨合，相互间以最互补、有效的方式融合在一起，并实现功能的提升及价值的增值，这样的过程才能产生融合创新。Lee 和 Olson（2010）更进一步将技术融合定义为不同技术的水平整合，即不同领域技术相互吸收以扩展各自的专业技术，其目的在于创建新功能或者新产品。

3. 技术集成（Technological Integration）

技术集成是对技术做出的调查研究、评估、优化等一系列的行为集合，目的是选择合适的技术以满足企业发展中的应用需要（Iansiti，1997）。技术集成的研究为企业提供了面对技术变革时的应对策略（彭志国，2002）。由于知识为不同技术之间、技术与系统之间的匹配提供了良好的保障，知识为产品设计过程中的技术选择提供了坚实支持，因而技术集成强调知识在产品制造中的基础作用（Lansti，1995），"相关领域的用户环境、制造系统与不同领域的知识交融关系，决定了集成的效果"❶。陈亮、陈志强和尚玮姣（2013）认为技术集成的概念与技术融合有显著区别，技术集成是指通过适当的配置企业资源、科学的方法和生产工具将符合市场需求的产品从概念转变为现实的一个行为流程；技术融合则是一种通过把不同领域、不同产业的多种技术彼此结合开发出新的技术、开发出新的产品甚至是新的产业的一种现象，技术融合和技术集成无论是在起源上，还是在应用范围上都存在着明显不同。

4. 技术融合创新

大致说来，技术融合、技术集成及技术会聚的研究都涉及技术发展中不同技术间的组合或融汇，但在研究视角上却存在较大差别：其中，技术会聚主要强调技术发展过程中技术的融汇对产业间关系的影响；技术集成主要着眼于对不同技术进行组合应用的流程，技术融合则主要侧重于分析新技术（包含渐进性技术及突破性技术）的产生方式。随着现代技术的通用性加强，产业（领域）属性越来越模糊，这种背景导致不同产业（领域）的技术结构日益趋同，上述三个概念的研究内容及其之间的相互关系也日益密切，在很

---

❶ 引自 Iansiti M. Shooting the Rapids: Managing Product Development in Turbulent Environments [J]. California Management Review, 1995, 38 (1).

多情况下意义互通，因此在学者的研究中也混合运用。基于此，本书用"技术融合创新"对上述三个概念进行归纳统述。技术融合创新是企业的一种技术创新方式，在融合创新过程中不同技术之间通过有机融合，来产生产品新的应用性能或实现新的功能。

在这一范畴内，学者对技术融合创新的研究侧重点又有不同。H. K. Tang（1998）、Staudenmayer 和 Cusumano（1998）、Iansiti（1998）等学者认为技术融合是企业根据市场需求及社会需要，将不同技术以最合理的形式融合在一起，形成关于新产品、新技术的技术系统的过程。Best（2001）、Henderson 和 Clark（1990）、慕玲和路风（2003）、张米尔和杨阿猛（2005）等学者重点研究通过技术融合形成的技术系统、产品架构的特点，该系统包括元件技术和架构技术，一般具有开放的产品架构，可以持续地植入新领域的知识，不断扩展应用领域。我国学者远德玉（1994）、肖洪钧和张微（2001）、周传典（1998）、孟庆伟和扈春香（2003）从内外技术的关系角度提出技术融合是企业消化、吸收外部知识，并与企业内部知识相融合，以实现再创新的过程。汤文仙（2006）认为技术融合的组织方式可以通过研发与用户携手、专家有效协作、技术集成和联盟发展等方式实现。于刃刚和李玉红（2003）、汤文仙（2006）认为本质上技术融合是技术创新在不同产业之间的一种技术扩散和技术应用。相关概念整理见表 2-1。

表 2-1　技术融合创新概念的不同界定

研究视角	相关文献	主要观点
技术融合过程：不同技术融合会聚产生新技术、新产品	Nancy Staudenmayer（1998）	安排企业内外资源（信息、知识、技术等），开发具有倍增效应的产品创新和技术发明
	Iansiti（1998）	在市场需求和技术选项间的有效配置活动中，对不同知识搜寻、评估、选择的过程，以将多个领域知识集成为关于新产品的系统知识
	余志良、张平、蓝林海（2003）	为了推出新工艺和新产品，企业根据内部的创新资源及能力和项目要求，在开发新产品过程中，选择、评估适宜技术，并将其与内部已有技术融合在一起的过程

研究视角	相关文献	主要观点
技术融合结果：开放的产品/技术系统	Best（2001）	技术融合是以开放的产品架构从外部供应商处集成多种来源的技术，并在产品的市场概念和产品的可供技术资源之间，通过选择和融合创造出匹配性
	Henderson、Clark（1990）	企业产品开发需要两方面的知识：组件知识和构架知识，其中构架知识产生的过程是技术知识融合的过程
	慕玲、路风（2003）	企业为了提高产品开发和生产效率，通过企业间相互合作以及更加开放的产品架构来生产满足消费者需求的产品的过程
	张米尔、杨阿猛（2005）	集成创新的成功需要持续的新领域知识的植入，以实现技术水平的提升和应用领域的拓展
	周振华（2003）	融合创新是企业通过在已有产品基础上融合新的技术模块，来创造新的产品，这种创新在保留原有产品特性的基础上，又可以添加新的特性或功能
	张正义（1999）；吴林海（2000）	创造性地融合各种创新要素并使之互补匹配，达到创新系统的整体功能跃变以获得独特的竞争优势和创新能力
融合技术来源：外部引进技术与自有技术	远德玉（1994）；肖洪钧、张微（2001）	企业现有的技术和引进的技术在技术融合下产生了共振效应，实现单一技术不能达到的新功能，为功能范围的多种变革提供基础，并通过融合帮助单一产品实现创造共生，突破其原有极限并开创其新的生命周期
	周传典（1998）	自主开发技术与外来技术的融合活动，是通过广泛消化、吸收外来技术实现的
	孟庆伟、扈春香（2003）	技术融合是企业在获得外部先进技术及经验的条件下，通过吸收、消化及再创造，以实现内外技术相互整合的过程
	魏江、王铜安（2007）	将技术整合定义为企业基于特定的外部市场环境，为实现产品和工艺创新，对来自于企业内外部的各类技术资源进行甄选、转移、重构的一个动态循环过程

续表

研究视角	相关文献	主要观点
技术融合实质：技术扩散	汤文仙（2006）	技术融合是以技术供给推动和社会经济需求拉动为动力，延长了原技术的生命周期的技术扩散过程
	于刃刚、李玉红（2003）	从技术创新、技术扩散与技术融合的关系角度揭示技术融合的内涵。创新的技术在各产业间的扩散和应用，使得不同的技术组合在发生复合效应后构建成了新的技术。技术融合是技术扩散溢出效应的主要表现之一

资料来源：根据不同学者的研究结论整理。

　　国内外学者关于技术融合的研究既有共同点，又各有侧重。国内外学者一致认为，技术融合是不同技术知识通过相互间扩散、渗透、融合为关于新产品、新工艺的有机系统，在该过程中需要结合市场需求规律进行技术融合。国外对技术融合的定义侧重新技术的应用和开发环节，融合创新中的建构技术及元件技术更多地来自于内部自主研发，因此把技术融合看作产品开发过程中介于概念探索和实物开发阶段之间的一环，是技术的首次商业化开发（Best，2001）。我国学者对技术融合的研究更注重技术引进与学习环节，更多强调从外部学习以及引进技术，并将不同所有者、开发者的技术集中，共同去开发所需要的新产品。这与我国企业普遍技术水平落后，需要从外部引进大量技术的现实有关。

　　本书综合以上关于技术融合创新的不同界定，将技术融合的概念界定为：技术融合创新，是企业以市场为导向，通过将不同领域的知识和技术系统地融合在一起，以开发出具有优势互补、功能倍增效应的新技术、新产品、新工艺的过程。

2.1.2　技术融合组成的技术系统

　　H. K. Tang（1998）认为经过调查、评估、优化的多种技术只有以最协调匹配的形式融合在一起，形成一个比以前性能更优越的有机体，才能产生技术融合创新。Iansiti（1998）也提出技术融合是将多个领域知识整合为关于新产品的知识系统。Best（2001）进一步提出通过技术融合组成的产品系统一般具有开放的产品架构，可以不断融入多种新技术，以不断在产品的市场概念和可供技术资源之间创造出匹配性。有学者研究了该技术系统的结构和特征。

1. 融合创新技术系统的结构

系统一般可以由元素、结构、功能、环境四个要素来描述。元素是系统的组成成分；结构是元素之间的相互关系的总和，也即元素之间的组织形式和结合形式；功能是系统与环境相互关系中表现的属性、所起的作用或所具有的能力。元素、结构是系统的基本组成部分，功能是元素、结构的表现（Rycroft 和 Kash，1999）。基于此，很多学者研究了技术融合组成的技术系统的构成。

Iansiti（1998）将通过技术融合组成的技术系统知识分为两类："特定领域的知识"（Domain-specific knowledge）和"特定关联环境的知识或系统知识"（Context-specific or system knowledge）。"特定领域的知识"是指各种专门领域的知识，"特定关联环境的知识或系统知识"指的是把各种知识整合为一个适合其应用关联环境的整体的知识。Henderson 和 Clark（1990）提出产品系统由若干元件以及将这些技术单元连接为整体的架构技术组合而成。元件知识是关于构成技术系统的技术单元或单独模块的知识，它决定了产品的性能（performance），即存储量、速度等；架构知识是关于把各个元件整合并连接成为一个整体的知识，它定义产品性能特征（performance attributes），是指决定产品应保留哪些必需的功能，或如何呈现（如形状、体积以及这些维度的组合）及最终提供这些功能（Christensen 和 Rosenbloom，1995），因此，架构知识是使产品形式适合产品使用关联环境的关键环节。

Best（2001）分析认为，在技术融合创新过程中，元件知识和技术供给方面（即专门领域知识的内部积累和外部供应）有更多的相关性；架构知识与技术需求方面（即融合产品使用的关联环境的需求）有更高的相关性。技术融合创新就是在产品的市场概念和产品的可供技术资源之间通过选择和融合创造出匹配性。王毅和吴贵生（2002）具体研究了以技术融合为基础的构架创新过程。该研究提出技术构架是技术系统中各元素之间关系的集中体现，根据技术构架蕴藏于产品还是工艺中，技术构架可以分为产品构架和工艺构架。以技术融合为基础的构架创新是企业通过融合已有的内外部元件技术知识及架构技术知识，从而形成新的技术构架，达到通过融合创新产生新产品、降低产品成本和提高企业绩效的目的（见图 2-1）。

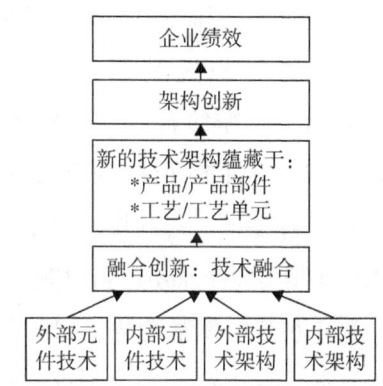

图 2-1　以技术融合为基础的架构创新

资料来源：根据"王毅，吴贵生. 以技术集成为基础的构架创新研究 [J]. 中国软科学，2002（12）：67-71."整理修改。

可见，技术融合组成的技术系统构成主要包括技术单元以及技术单元之间的联结方式，学者多用元件技术和架构技术表示。企业依据市场需求来选择元件技术、设计技术架构，以实现符合市场需求环境的功能或产品。

2. 融合创新技术系统的主要特征

由不同技术相互融合而成的技术系统，既具有一般系统的特征，如复杂性、非线性，也包括作为技术融合系统的独有特征，包括开放性、协同性等。

（1）技术系统的复杂性。

衡量技术系统的复杂程度一般是通过组成系统的最小技术元件的个数来衡量的（Carlsson，1995），个数越多，系统越复杂；部分研究以零件个数、技术概念或技术特征的个数、技术单元之间联系的难易程度、联结的步骤多少（Malerba、Orsenigo 和 Peretto，1997）、技术单元的新颖程度（Edquist，1997）来衡量；柳卸林（2000）认为技术系统的复杂性不仅指技术本身的复杂性，还包括技术创新范式的复杂程度。

许志晋（1993）提出技术系统是一个按既定规则组成的有机系统，是由两项或多项技术元件按一定目的构成的。技术系统中的技术要素分别处于不同的地位，发挥着不同的作用，其相互之间的关系复杂多样。王金柱（2012）认为技术系统的复杂性可以从系统的构成、结构和功能等方面分析。其中，构成的复杂性主要从系统要素的构成数量和种类多少进行衡量；结构的复杂性可以从系统要素的排列方式和从属关系进行考察；功能复杂性的研究则由操作模式的多样性和技术系统运行应遵循的客观规律及特殊规范的复杂性决定。据统计，一枚洲际导弹包括数以万计的元件，而阿波罗登月系统中有 700 多万个元件，其中涉及的零件品种多样，排列层级复杂，操作烦琐，维护成本很高，通常配有很厚的操作手册等（Malerba 等，1997）。对于普通用户而言，操作复杂并不可取，操作简单性成了明显趋势。如生产中的"流水线"和生活中的"傻瓜相机"、苹果公司的 iPod 等技术系统，这种操作简单性的获得是对复杂性采取的有效规避方式，并非在实际上消减了复杂性。而且，通常操作的简单性背后是以提高技术系统结构上的复杂性为代价的。Rycroft 和 Kash（1999）认为技术越复杂，企业通过技术创新获得的收益也就越高，这是因为复杂性高的创新活动可以阻止其他企业模仿该技术，技术复杂性越高，其他企业模仿该技术越困难。

（2）技术系统的非线性。

非线性是基于线性而言的。非线性是指在两个事物的相互关系中，因变量随自变量的变化而变化的程度保持不变。在线性作用中，整体系统是各子系统性质的简单和，也即从子系统到系统，只有量的积累，没有质的飞跃。非线性系统则使系统整体特性不等同于个体行为的简单叠加，而且各要素彼此影响，一个变量的微小变化对其他变量有不成比例的影响。

贾凤亭（2006）提出技术系统的演化是一个非线性过程。组成系统的各单元技术之间有着复杂的相互作用，这种相互作用既包括相互促进的效应，即正反馈；也包括技术发展的饱和效应，即负反馈。在一个技术系统中，每个技术单元或子系统都有各自的演化过程，即各自的 S 曲线。"不同的技术单元达到自身自然极限的临界点是有不同的，先达到临界点的技术单元就会对整体系统的继续进步起到阻碍作用，这时就出现了负反馈。反之，当某一技术单元或子系统的演化带动了其他技术单元或子系统的演化时，就促进了整个系统的发展，这时就出现了正反馈"[1]。由此可知，技术系统的演化过程是典型的非线性相互作用过程。Henderson 和 Clark（1990）、Christensen（1992）认为，技术融合创新中的架构技术创新是技术系统非线性演化的关键点。

（3）融合技术系统的协同性。

协同是一种正反馈非线性作用，是指两个或两个以上的不同主体通过协调、合作，共同完成某一特定目标或任务而实现总体业绩倍增和各自能力提升的现象。也即通过协调、合作，产生"1+1>2"的协调效应。惠益民、顾昌耀（1989）指出协同论是不同主体的相异优势通过一定条件下的协同从而使事物得以更好发展的一种优势互补发展观。毛荐其、刘娜（2010）阐述了技术系统的两种协同机制：技术系统与环境的协同；技术与技术的协同。

许志晋（1993）认为从融合技术系统内部多项技术之间的复杂多样的非线性相互作用构成了一种互为条件、互为因果的反馈循环的协同作用。这种互补匹配性既能最优地开发和转换资源，又能根据需要有效地对资源开发的速度、规模、方向进行调整和转换，由此取得最佳的综合效益。这一逻辑思路是："技术包括首先出现的技术和由它引起的技术；根据作用分为辅助性的和起支撑作用的技术。一般最先出现的和起支撑作用的是'核心技术'，而引致的和起辅助作用的称为'外围技术'。由此，技术系统可以看作是由核心技术和外围技术组成的有机体。核心技术和外围技术在系统内部相互作用，核心技术派生、关联、渗透、扩散于外围技术，并在技术系统与外部环境的交互中起着核心作用，核心技术控制、变革和改造外部环境；外围技术修正、辅助、调整和改善核心技术，可以调节、适应和制约外部环境（见图 2-2）。基于此，核心技术和外围技术形成了一种反馈循环的协同作用关系。"[2]

---

[1] 贾凤亭. 技术系统演化的复杂性分析 [J]. 系统科学学报, 2006 (01): 63-67.
[2] 许志晋. 适用技术系统演化的一般机制探析 [J]. 科学学研究, 1993 (01): 44-48.

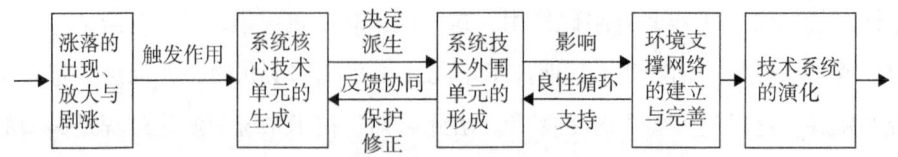

图2-2 融合创新技术系统演化的过程性描述

资料来源：根据"许志晋.适用技术系统演化的一般机制探析 [J].科学学研究，1993（01）：44-48."整理修改。

通过这种协同作用，单元技术之间可以构成有序、高级、稳定的自组织结构。该结构能使技术系统产生出全新的与外界环境互补匹配的整体功能。惠益民、顾昌耀（1989）认为技术系统的发展所面临的问题不只是资源和引进技术，还要根据自身的技术发展战略目标对组织内外各因素进行"斡旋"：对引进的技术进行取优集异，并和已有的资源进行优势互补。在通过技术融合创新构建技术系统的过程中，在组织内部要避免目标盲目性及发展中低水平的重复，在组织外部则应该协同对待自行发展和外部引进的关系，在与外部的技术合作中，遵循优势互补的重要原则。

（4）融合技术系统的开放性。

如果整个系统与外界有稳定的信息、物质和能量的交换，就称为开放的系统，既包括该系统向外部输出信息、能量和物质，也包括向系统内输入信息、能量和物质。只有与环境不断进行着物质、信息和能量交换的开放系统才可能从无序向有序方向发展。人在与自然界的交互作用过程中产生了技术，因此任何技术的产生和应用都离不开其所存在的环境的支持，同时技术也反过来影响环境。因此技术系统是一个开放的系统。贾凤亭（2006）提出技术系统从外界环境获取的物质流、信息流和能量流，主要表现为从外界到技术系统内的技术转移，外界向技术系统提供资金等，这是技术系统演化的条件和保障。

慕玲、路风（2003）指出通过技术融合进行产品创新是以定义产品架构为起点，再出发选择元件知识。而且，元件知识的供应方式由传统的企业内部供应变为开放式，即在企业自己把握产品架构的前提下，大量从外部的供应来源寻找技术资源。这说明了通过技术融合形成的技术系统的开放性。Best

（2001）通过对美日技术融合创新进行比较，明确指出开放性对于技术融合的重要性，美国企业使用多学科背景的技术人员，尤其是大学系统的基础研究人员，通常产生激进创新；日本主要依靠经验丰富的内部人员，所以长于渐进创新和产生规模效益，缺乏技术融合所需要的来源多样化的设计能力。许志晋（1993）认为技术融合产生的技术系统是一个高度开放并且充分有效的系统，该系统能够契合外部环境的具体条件，有效获取外部环境中的信息流和资金流，充分发挥内外要素的协同，使技术系统达到高级有序化、最优化跃迁；并进一步阐明技术系统与外界环境之间形成一种共同成长、相互促进和协调发展的良性循环作用关系。

融合创新形成的技术系统的以上特征表明，企业可以通过向相关系统输入信息流、资金流等使技术系统向高级有序最优化跃迁，但在技术系统演化的过程中要使"核心技术"和"外围技术""元件技术"和"架构技术""外部获得技术"与"自行研发技术"互补匹配，并使技术系统与外界环境协调发展。

尽管由技术融合导致的技术系统日益复杂，但该系统的非线性、协同性、开放性使企业进行技术融合创新不但在操作上可行，而且在经济效益上有利可图。技术融合中的相关技术系统或子系统的研究是组织技术发展管理中不可避免的战略决策任务，即组织必须明确哪些技术对技术系统的发展影响较大，以及如何促进技术系统中关键技术的突破。

3. 融合创新技术系统演化的主要方式

技术系统中相关技术的引入和突破会引起技术系统不同的演化和发展。与技术系统相关的技术变化既包括原有元件技术或技术子系统的发展与突破；也包括新的元件技术或新的子系统加入技术系统，引起系统内部结构的改善和调整；同时还包括新技术子系统取代原有的技术子系统等。惠益民、顾昌耀（1989）总结了相关技术发展促进技术系统的演进方式有以下几种。❶

---

❶ 转引自惠益民，顾昌耀. 高技术系统演化的技术相关效应与交叉协同原理 [J]. 研究与发展管理，1989（03）：16–19.

（1）技术"积木"方式。

假定技术系统是由若干的相关技术以搭"积木"的方式组成的，那么相关技术"某块积木"的突破及发展将会引起整个技术系统参量的提高。这种因组成技术参量的提高而导致技术系统整体参量提高的例子比比皆是，如提高燃料热值或材料热强度以提高机械的功率；改变元件（要素）以及其组合的时间来提高技术系统的实时响应特性；改变（提高）涡轮的温度和压气机的气压比值来提高航空发动机的推力；改变（应用）推力更高的发动机来提高飞行器的宏观技术参量等。

（2）技术"催化"方式。

技术催化与化学和生物学中的催化作用相似。技术催化指的是由于采用某项技术，使得该技术系统中的技术"融合"的速度加快，或者融合了原来不能被整合的技术导致技术系统的宏观参量提高了。一般来说，催化技术是软技术。技术催化除了类似于化学中的催化含义的"纯催化"，还有"自催化"和"交叉催化"。自催化是指在某种变化中，某种物体的存在是为了形成包含自身的另外一种物体，比如计算机技术系统或计算机辅助设计；交叉催化是指在某种变化中，必须两种事物同时存在，并通过两者的相互作用才能促成新事物的产生（惠益民和顾昌耀，1989），从"布鲁塞尔反应器"的反应路径中可以看出高技术系统演化过程中相关技术间的这种交叉催化现象（见图2-3）。其中所有的变量符号可看作不同的技术系统。

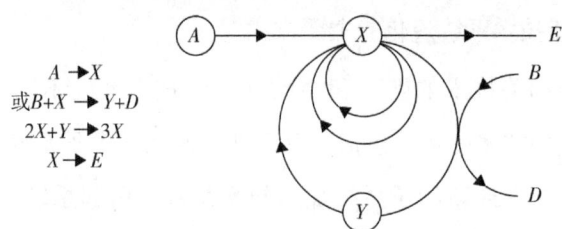

$A \rightarrow X$
或 $B+X \rightarrow Y+D$
$2X+Y \rightarrow 3X$
$X \rightarrow E$

图 2-3　"布鲁塞尔反应器"的反应路径

资料来源：惠益民，顾昌耀. 高技术系统演化的技术相关效应与交叉协同原理 [J]. 研究与发展管理，1989（03）：16-19.

（3）技术"嫁接"方式。

借鉴相关植物学定义，"嫁接"是指把一种要繁殖植物的枝或芽嫁接到另一种不同植物上，从而获得一个不同的独立的生长植株。技术嫁接就是把技术系统外的某种技术特性移植到该技术系统中。一般来说，"技术砧木"参量和"技术植枝"参量不具有可加性，前者提供"营养"或"支撑结构"基础，后者提供独特的技术性能。在技术系统中，有时难以区分"砧木"和"植枝"，它们有时是互补的。这种方式在技术创新中具有典型性。如把军事方面的技术嫁接应用于民用工业；把数字技术嫁接应用到机床设备等。基于高技术极强的渗透性，这种嫁接方式对高技术系统的开发创新具有更加重要的地位。

以上技术系统的演化方式揭示了相关技术发展对技术系统的不同影响方式。技术融合是一种被各行业企业普遍采用的创新方式，所以有必要分析通过技术融合组成的技术系统的演进方式。本研究借鉴此研究结论，并结合企业技术融合创新实践，总结了企业通过技术融合创新对技术系统的干预方式。企业通过技术融合对技术系统的改造和创新可以用以下几种方式实现：通过改造外围技术实现催化作用；通过增加、删减、替换某个或某些元件技术及子系统提高整体技术参量；还可以通过技术嫁接的方式引入独特核心功能并改变技术结构等。每种方式对企业资源和能力的要求不同。

2.1.3　技术融合创新过程与模式研究

技术融合创新实质上是一个复杂的创新过程，不仅关系到不同的创新主体（组织）及各创新主体的协调，还涉及多种技术及其技术融合的过程。因此，有必要全面了解企业开展技术融合创新的相关研究内容，包括过程、模式划分及影响因素等，以为本研究提供全面的理论和研究基础。

1. 技术融合创新过程

有的学者从知识创造的视角对技术系统的创新过程进行分析，还有的学者试图从企业创新流程的视角对技术融合创新进行分析。

芮明杰、李鑫和任洪波（2005）针对 SECI 模型提出了基于动态知识价值链的企业技术知识创新模式。并将该模式的知识创新过程归纳为从知识的获得、知识的选择、知识的融合、知识的创造、知识的扩散到知识的共享共六个阶段。此外，他们还得出结论，认为组织创造知识必须经历获取并筛选外部知识、实施知识融合、对知识进行再创造再组织、在组织内进行各层次的知识扩散，最终实现知识共享的全过程，如图2-4所示。

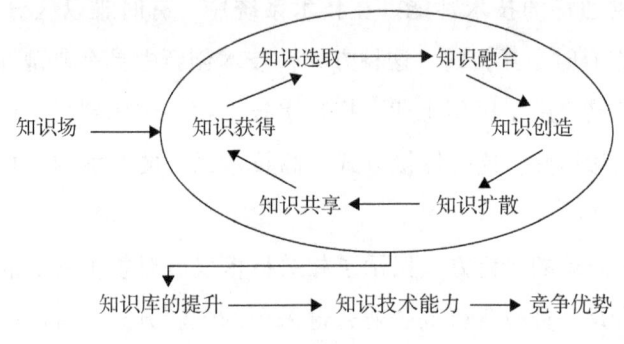

图2-4 知识融合过程图

资料来源：芮明杰，任红波，李鑫. 基于惯例变异的战略变革过程研究 [J]. 管理学报，2005（06）：654-659.

邓承志、黄淑兰（2010）认为知识共同化和内化的过程都伴随新知识的产生。在此基础上，两位学者提出了知识创造的SIO-IE模型：A 将外部知识吸收为企业团队的共享知识（共同化）；B 消化该共享知识并将共享知识与企业已有的内部知识融合（融合化）；C 产生新的技术知识并快速将该新知识在具体操作实践中进行运用，如改进生产流程、定制新的产品原型、制定新的市场方案等，并经过反复实践对该操作知识进行转化（操作化）。由此SIO表示共同化、融合化和操作化三个阶段，IE 表示在以上三个阶段都存在的知识内化和外显化。知识在体验和理解的基础上持续外化，使更多的人增加对知识的新体验和理解，从而该知识进入一个范围更大的创造循环过程，而这个过程中输出的相关操作知识又为企业带来更多的利益，并进一步合成为企业的核心能力，形成企业竞争优势。这个模型因为突破了原有的知识性质的基础，从而有了更为宽泛的适用范围和现实应用价值（见图2-5）。

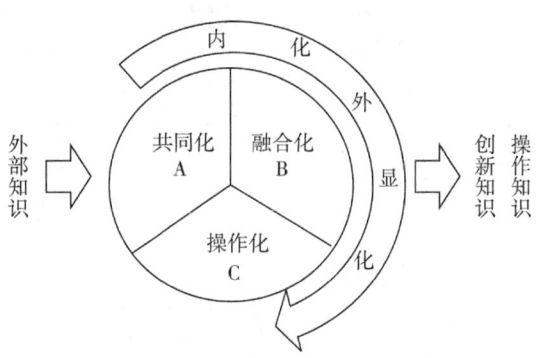

图 2-5 组织知识创造 SIO-IE 模型

资料来源：邓承志，黄淑兰. 知识创造的 SIO-IE 模型——对野中郁次郎 SECI 模型的修正与改进 [J]. 电子科技大学学报（社科版），2010（03）：15-18.

Iansiti（1998）认为技术融合是对一系列技术的研究、评价和选择的过程，该过程是由选择问题、寻找并确定解决潜在问题的方案、设计＼试验、执行和排除选项等环节组成的重复循环。

王玲、杨武、雷家骕（2006）系统描述了技术融合过程，融合过程一般可被划分为三个阶段：第一个阶段是理顺项目的明细；第二个阶段是对新技术进行评估和选择；第三个阶段是系统融合新技术与现有的技术。这些新技术的来源可以是组织内部，也可以是组织之外的其他创新主体。组织内部的技术融合侧重于组织内部职能部门的并行合作（而不是从一个职能到另一个职能的序列性过程）；组织通过与其他创新主体的战略联系开展技术整合，较多地依赖现代计算机技术和通信技术。在该创新过程中不仅包括不同职能的交叉并列过程，还涉及多机构系统网络联结的过程（见图 2-6）。

以上研究揭示了技术融合创新的一般过程，王玲等人（2006）的研究结论强调了技术战略在技术融合中的作用，体现了技术发展战略对于技术融合创新的先导作用。

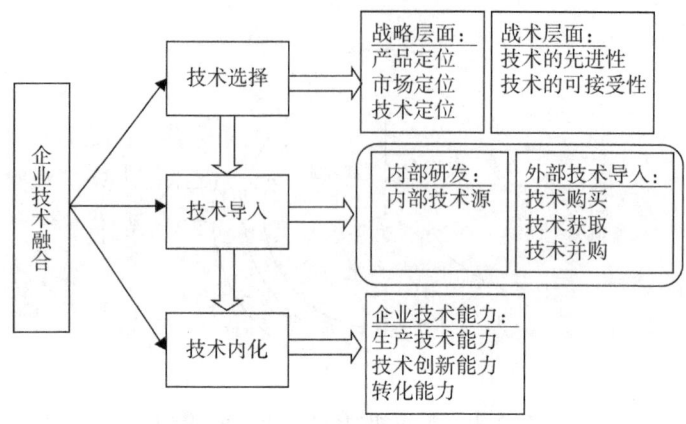

图2-6 企业技术整合过程模型

资料来源：王玲，杨武，雷家骕. 面向批量化产销的技术整合过程模块研究 [J]. 科技进步与对策，2006（02）：47-49.

2. 技术融合创新模式

对于技术融合创新模式的划分有多种角度，当前研究者主要从技术融合的发生形式、参与融合的技术新颖程度、不同技术来源等角度划分融合创新模式。

（1）技术融合创新的发生形式。

融合创新的发生形式主要描述技术融合过程中技术之间的替代和互补关系。D. T. Lei（2000）从发生形式上将技术融合分为技术替代和技术互补两类。Greenstain 和 Wade（1998）等提出了类似的分类，来描述创新中多技术间的替代和互补协作现象。当创新产品与当前产品属性相似但具有更高性价比时，它们之间具有稳定的互换性，从而为技术融合奠定了基础。Greenstain 和 Wade（1998）由此提出产业融合的发生机制：多数情况下技术替代所依赖的创新从其他产业的技术突破中获取，由此引发多个独立产业间技术融合的冗余和当前产业领域企业核心竞争力、价值链的破坏，最终导致产业融合。此外，多个产品（服务）通过技术互补形成大型平台或系统，不仅可以达到缩减用户成本、提高生产率、丰富产品特性和提高便利性的目的，技术互补的重要作用还在于促进多种技术的协同演化，促使研发公司从多种产品视角去学习新的方法、技术或流程，用以开发融合产品，一旦融合产品的性价比达到客户接受度的临界值，它将可能形成对相关独立产品的替代。

汤文仙（2006）从技术融合产品对原技术或产品的替代程度将技术融合划分为完全融合和部分融合：前者是当两个或多个技术完全重叠，由技术融合产生的新产品逐渐完全替代原来产品，因此对原来产品的市场需求不断降低，最终导致原来产品的衰落直至完全消失；后者是技术融合最为普遍的现象，是两个或多个技术之间出现了部分的重叠和交叉，较前者融合程度低，由此产生的新产品（产业）部分地替代原有产品（产业），二者之间形成了替代和互补并存的市场关系。❶

（2）融合中不同技术来源。

一批学者从技术融合创新中相关技术的来源角度划分技术融合创新模式。这里的来源范围一般是以企业为边界划分为企业内部或外部。

Fujimoto 等（1996）在 1991—1996 年所做的一系列产品开发管理研究中提出用户融合、内部融合和外部融合等概念。用户融合要求企业适应市场，加强学习市场特点，以提高用户信息对企业产品开发环境的相互匹配程度；内部融合强调企业内部知识基础间的匹配以及整合各信息单元；外部融合考察企业适应其外部知识网络、价值网络的能力。Pollitt（2001）进一步指出企业的内部融合能力相当于建构能力，主要与产品的设计、制造环节相对应；企业的外部融合能力则与产品的概念创造阶段相对应，并在此基础上提出了"超胜任融合"概念。Dowrick 和 Rogers（2002）指出，"产品开发的概念过程伴随着企业吸收各种外部知识信息，随后实施过程伴随着企业整合各种内部信息、人员、团队、部门，两个过程中的融合管理则影响着企业的创新绩效"❷。Nishiguchi（1994）讨论了外部知识集成的实现途径。徐晔、黎翔（2012）分析了外部技术的获取方式，并提出了三种技术融合模式：技术共

❶　汤文仙. 技术融合的理论内涵研究 [J]. 科学管理研究，2006，24（4）：31-34.

❷　引自 Dowrick S，Rogers M. Classical and technological convergence：beyond the Solow-Swan growth model [J]. Oxford Economic Papers，2002，54（3）：369.

享、技术并购、技术许可。

谢科范等人（2007）从资源集成的角度将企业技术融合创新的实现途径分为内部资源集成和外部资源集成。内部资源集成通过进行资源整合和流程重组、建立学习型组织、进行知识管理等途径实现。当内部资源不能满足时就产生了资源缺口，弥补资源缺口需要通过外部资源集成，其实现途径包括建立战略联盟、外部资源内部化和建立合作研发平台等。

黄燕和彭灿（2007）将技术集成跨越分为企业原有技术融合的集成跨越和新-旧技术融合的集成跨越。通过集成企业原有技术实现技术跨越的企业一般具有良好的相关技术基础和较强的技术集成能力。这类企业大多是技术能力强、管理水平高的大中型企业，一般而言，技术领先战略和自主创新模式比较适合这类企业；经济和技术实力弱小的中小企业比较适合基于新-旧技术融合的集成跨越模式。这类企业主要通过与外部技术源建立联盟的途径获取所需的新技术，因此与外部技术源建立和保持长期稳定的合作关系是成功采用这种技术跨越模式的基础和前提。

（3）参与技术融合的技术新颖程度。

一些学者从技术融合过程中所涉及的技术及融合成果的新颖程度上划分技术融合模式。

Iansiti（1998）通过对美国和日本半导体行业的实证研究发现，美国的研发项目执行趋向于通过较为革命（Revolutionary）的方式：选择新的、具有挑战性的技术，然后通过大量的并行试验对许多技术选项进行验证；而日本的技术融合趋向于渐进（Evolutionary）的方式：通过逐渐地改进已经成熟的技术来进行。周晓宏（2006）分析了两种技术融合模式——渐进式和革命式的特性及实现途径。就技术和组织之间的融合和匹配程度而言，渐进式和革命式正好相反，前者是一个增强的过程，后者则是一个减弱的过程。这两种形式可以分别通过提高技术产出和提高技术潜力两种途径达到。途径一不会改变技术的本质，仅可以加强它与制造环境的融合程度；途径二则促使技术本质的提升，是一种革命式的技术融合形式。F. Hacklin（2005）注意到基于持续性创新的技术融合是产生破坏性创新的重要来源，他依据参与融合的持续性技术的新颖程度，将技术融合分为应用融合、横向融合和潜在融合（见表 2-2）。应用融合所导致的破坏性创新源自创新者将已知技术合并后形成的附加值；横向融合中，当一个或多个现有技术与一个或多个新技术融合时，新技术通过提升现有技术将突破性特征值赋予当前解决方案，破坏性通过新旧技术的交接来实现；潜在融合所包含的新技术并不具备破坏性，但它们的融合可以产生突破性的技术方案，该类融合依赖于新技术在性能上的提升。

表 2-2　基于新颖性的技术融合创新模式类型

	现存技术	新技术
现存技术	应用融合	横向融合
新技术		潜在融合

资料来源：作者根据 Hacklin F.，Marxt C. 和 Raurich V. 等相关研究整理。

刘芳江、屏檀和润华（2011）从生物学类比角度将融合创新分为技术组合型技术创新和技术杂交型技术创新。前者建立在已有技术资源基础上。首先将产品总的功能逐层分解为各个功能单元，然后在已有技术资源基础上，通过比较、选择、评价，确定实现每个功能单元的原理或技术单元，进而将各原理或技术单元进行集成得到新产品的技术系统，其本质是技术单元的组合；技术杂交型融合创新是通过获取进化资源实现的，进化资源是有可能形成新产品或新的技术系统的成熟或不成熟的技术。进化资源对技术系统的进化起着关键作用，当进化资源耗尽时，系统进入成熟期或衰退期。技术杂交型技术创新通过引进进化资源，将实现功能相同或相似但技术特性互补的优势技术进行融合，从而实现产品创新。然后又根据进化资源的成熟度将技术杂交分为牵引杂交和竞争杂交。牵引杂交是将实现功能相同或相似的不成熟技术与已有成熟技术进行融合（见图 2-7）。竞争杂交是将同一市场上实现功能相同或相似的成熟产品技术进行融合（见图 2-8）。

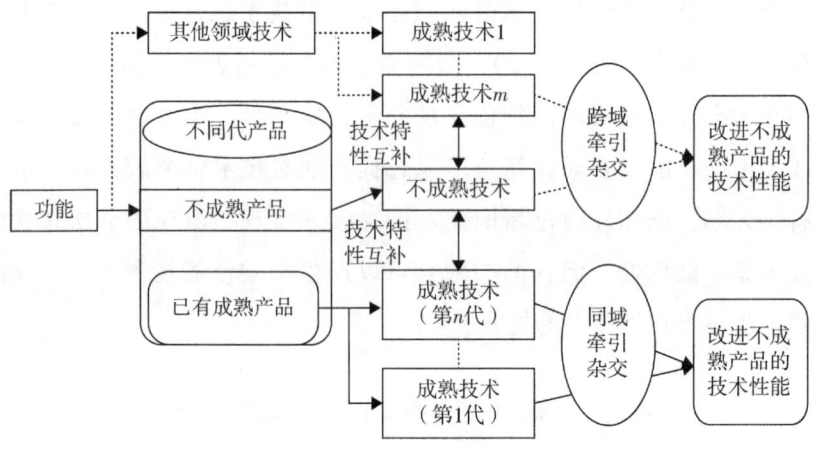

图 2-7　牵引杂交

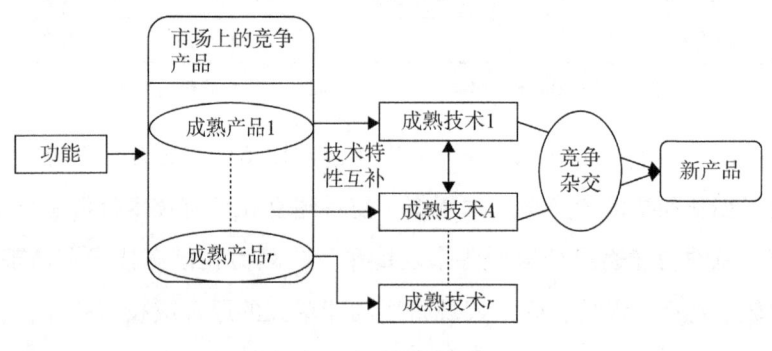

图 2-8　竞争杂交

资料来源：刘芳，江屏，檀润华. 基于技术杂交的一类产品技术集成创新设计 [J]. 机械工程学报，2011 (21)：123-132.

基于刘芳等人（2011）的研究内容可知，有潜力形成新的产品概念或有利于新的技术系统形成的进化资源，可能来自本领域的技术，也可能来自其他领域；有可能是成熟技术，也可能是不成熟技术。本领域成熟技术的引入要求企业具有一定的技术创新能力，对其他领域技术的引入不仅要求企业具有较高的技术创新能力，还需要较丰富的创新资源的支撑。

现有的技术融合模式揭示了技术融合创新中可能存在的技术之间替代或互补关系、引入不同新颖程度的技术对技术融合结果的影响、技术来源方式等，对了解技术融合的过程和内容具有重要的意义。从这些研究结果分析中可以看出，目前关于技术融合创新模式的研究中，从对技术系统的干预程度即对技术系统的技术单元及融合架构的创新程度角度划分技术融合模式的研究还较少涉及。

3. 技术融合创新成功实现因素

Christensen 和 Rosenbloom（1997）认为技术融合和产品融合应以市场为导向。许多公司技术融合创新的低效率是因为企业不能充分、有效地与消费者或供应商联系，挖掘市场需求及潜在需求，从而无法有效利用已有的技术资源和能力，开发市场需要的产品或服务。

Philip Sadler（2001）所著的《无缝隙组织》认为新产品的理念、体验和对新产品的信念需要企业内部各个部门共同合作才能建立起来，同时也是由企业与其伙伴、客户共同建立起来的。因此在当今企业内部的创新管理中，需要构建弹性的组织架构、操作程序和创新型企业文化，才能对外界环境变化做出快速反应，从而利于融合创新。

慕玲和路风（2003）探讨了中国企业集成创新的要素，认为企业首先要从战略上摆脱对外国产品技术和设计方案的盲从，掌握建构知识和积累建构技术能力，驱动组织在产品系统层次上的技术学习；其次，树立在自主产品概念下，通过开放系统的产品建构来选择和融合各种技术资源（包括外部技术资源）的产品开发方式和生产组织模式。最后，核心元件技术和基础技术决定着产生新产品的技术机会，以掌握核心技术为导向的技术能力爬升是集成创新的第三个要素。

吕强（2006）认为企业成功实施集成创新需要的核心能力包括技术、战略、组织等方面的核心能力。战略核心能力指企业通过分析外部技术发展状况和市场环境，发现相关机会并投入资源与能力，建立有助于企业持续生存的能力；组织核心能力包括强化内部组织集成——跨职能的沟通和协商合作，以及外部组织集成——加强与用户、科研机构和企业的交流和合作；技术核心能力是指企业通过对内外部不同的技术知识资源进行协调配置，并进行创新的能力。

郭亮、于渤、郝生宾（2012）认为企业的技术集成是建立在对外部技术和市场环境有效认识基础上的，企业必须提高技术集成能力，即根据外部环境变化配置企业内、外部资源的能力。

可见，有许多因素影响技术融合创新的成功实施，包括市场因素、企业各种能力、战略因素等。很多学者提到了战略或战略核心能力对技术融合创新成功实施的影响。

2.1.4　文献述评

从以上关于技术融合创新的文献综述与分析中可以得出如下结论：

（1）技术融合是企业依据市场需求及社会需要，将不同领域的技术融合、汇聚，组成一个关于新产品、新工艺、新技术的有机体。该技术系统与技术融合创新前的技术体系相比，系统更优越、性能更完善、互补协同性更强、与环境切合性更优。

（2）通过引入新技术或对系统中已有技术进行创新，对原有技术系统进行正向干预使其不断演化、变革，构成技术融合创新的实质内容。基于此，根据企业对原技术系统的干预程度，也即对技术系统的技术单元和整体架构的创新程度的不同，将企业技术融合创新划分为不同的模式。目前关于从这一角度研究技术融合创新及其模式划分的分析还较少。

（3）对原技术系统带来正向干预的技术资源可能是企业自主研发的资源，也可能是来自企业外部本领域或其他领域的资源。但这些技术资源是首次进入该技术系统，并对技术系统产生不同的影响。

（4）研究技术融合的相关技术或子系统，研究哪些技术对技术系统的发展影响较大，并促进技术系统中关键子系统的突破，是创新管理中十分重要的战略决策任务。而且，技术发展战略对技术融合过程中的技术选择具有重要的意义。也即企业在选择哪些技术来对技术系统进行干预，以及干预程度时，技术战略起到决定性作用。因此，企业在选择技术融合创新模式时，需要考虑技术发展战略这一影响因素。

（5）技术发展战略是影响企业技术融合创新能否成功实施的重要因素，但从技术融合范畴内，研究技术发展战略对技术融合创新模式选择影响的相关研究目前还很少。

2.2　技术发展战略

从企业经营管理的角度，战略是一种思想、一种思维方法，同时也是一种分析工具和一种长远、完整的规划。战略理论自 20 世纪 60 年代由 Ansoff 和 Chandler 提出，演化出许多学派，他们对战略问题见仁见智，研究问题的角度也不尽相同。因为企业的经营状况、生存环境、资源与能力、目标、愿景等存在差异，导致技术发展战略有不同的类型。本研究的重点是从技术发展战略角度分析技术融合这种企业技术创新活动，因此，着重从技术发展战略角度进行文献总结与分析。

2.2.1　技术发展战略理论

1. 战略的"资源观"

资源观在 1984 年由美国学者沃纳菲尔特在其经典文章《企业的资源观》中提出，确定了该理论的基本分析模式。该理论认为企业独特的资源是其收益的主要源泉，那些不可替代的或稀缺的资源能带来更大的收益。❶ 企业可以在生产中使用这些资源，从而产生竞争优势，甚至可以借此建立起有效的进入壁垒，增强竞争力。传统的资源基础观认为不同的企业拥有不同的资源，而且异质性资源是可以在企业中长期存在的。

战略的"资源观"认为企业中存在的异质性资源是构筑核心能力的重要途径，所以也是企业的核心资源。其中，技术资源是形成企业竞争优势以及竞争战略的基础，是资源的重要组成部分，通过加强技术发展战略与技术资源的匹配程度，企业可以创造最大的竞争优势。

2. 战略的"能力观"

1990 年，Prahalad 和 Hamel 开创了企业战略研究的新派别：核心能力学

---

❶ 引自 Wernerfelt B. A resource-based view of the firm［J］. Strategic management journal, 1984, 5 (2)：171–180.

派。该学派认为集体学习能力是企业的核心能力，尤其是协调多种生产技能以及整合众多技术流的能力，而企业是核心能力的集合体。

企业培育核心能力关键依靠技术，技术创新是企业获取持续的核心能力的必经之路。技术创新的重要特征在于通过持续不断地进行技术积累获取核心能力，因此企业需要从战略层面指导技术创新，培养深厚的企业核心能力。企业应该根据市场情况的变化，不断调整企业战略，促使技术发展战略与企业战略之间相互匹配，增强企业的核心竞争能力。

3. 战略的"环境观"

战略的"环境观"认为外部环境，如产业环境和宏观环境，是企业竞争优势的来源。

产业环境对企业战略以及企业的成功有着重要影响。迈克尔·波特（1998）在其《竞争优势》中利用"五力模型"分析产业环境，并认为企业选择和制定战略是由分析产业环境开始的。在企业竞争优势的众多影响因素中，波特认为技术创新最为重要，还能够影响企业所在的产业结构。

宏观环境，尤其是政治法律环境和社会文化环境，对企业的经营管理各方面都会产生影响。Lerner 和 Tirole（2002）提出，当企业制定和执行战略并创造竞争优势时，制度因素对企业决策起决定性作用。

在该理论中，技术发展战略是一种职能战略，从属于企业总体战略。

2.2.2　技术发展战略含义

战略一词的希腊语是 Strategeos，最早是军事用语，是战争谋略的简称。"谋略"有大有小，大谋略叫"战略"，小谋略则为"战术"，是相辅相成的两个概念。比如诸葛亮在《隆中对》中为刘备提出的长远规划属于战略："先夺荆、益二州为根据地，对内改革政治，对外联合孙权，西和诸戎，南抚蛮越……"，而具体的计谋如草船借箭，则是战术。战略和战术的侧重点不同，战略主要针对整体性、长期性和基本性问题，战术针对局部性、短期性和具体性问题（汪应洛和马亚男，2002）。1965 年美国学者安索夫先后发表《企业战略》《战略管理论》等著述，从此，"战略"一词开始应用在企业领域。

不过对企业战略的含义存在多种界定。

　　Chandler（1962）认为战略是企业制订的基本长期目标以及附属的资源分配计划。Glueck（1976）则认为战略不同于基本目标，而是为了实现该目标而设计的一整套广泛的统一协调的整合性计划。Chandler（1982）等战略设计学派强调战略在企业内在潜能与外在可能之间达到一种相称或搭配的境界。本书将各种学说中的战略内涵进行总结比较（见表 2-3），发现设定目标、建立计划以及分配资源等经常出现。Mintzberg（2003）整理和回顾学者对战略的定义，提出战略总体上讲是组织为达到特定目标（what），决定由谁做（who）与如何做（how）的决策过程。从以上定义可以看出，针对企业基本性、长期性、整体性问题的企业谋略实际上就是企业战略。

表 2-3　战略的相关内涵总结

代表人物	观点	本质
Andrew（1962）	战略是一种模式	通过模式把企业的目标、方针政策和经营活动有机地结合起来，形成自己特殊的战略属性和经营优势
Ansoff（1965）	战略是一种决策	就是决定企业应该进入哪个经营领域
Kuinn（1992）	战略是一种计划	根据企业内外变化及趋势决定的目的、目标、方针政策、活动
Mintzberg（1996）	战略是一种组合	决定企业成长方向和命运的各种重要活动
Poter 等（1996）	战略是一种选择	构造特色，形成竞争优势
Prahalad 和 Hamel（1990）	战略是一种意象	突破和创新
Hamel（1992）	战略是一种革命	挑战、反抗和创新
Mintzberg（2003）	战略是一种组合	各种理论在不同阶段的运用

资料来源：根据相关文献整理。

　　技术发展战略是企业战略理论和技术创新理论交叉而产生的概念。由于技术创新的影响力逐渐加大，技术已不再局限于研发部门，而是广泛存在于企业经营活动的全过程，生产、销售、服务无一例外。基于前文资源观和能力观的战略理论对于技术影响竞争力的高度重视，有学者认为，技术发展战略不再是低层次的职能型战略，而是处于企业总体战略的核心位置。企业技术发展战略与总体发展战略之间既相互独立又相互依赖，呈现出一种动态的相互融合关系（赵晓庆和许庆瑞，2001）。

迄今为止，关于技术发展战略的概念尚未达成一致，学者们从不同角度进行了界定。国外学者Gilber（1994）认为技术发展战略是企业根据企业的战略发展需要以及企业的自身能力，决定运用何种方法以及达到何种程度，通过技术开发实现企业整体战略进而改善企业绩效的过程。企业对技术创新活动的总体规划就是企业技术发展战略，主要解决涉及全局性、长远性和方向性的重大问题（李浩和戴大双，2002），如企业技术创新的基本原则、根本目标和主要规划等。陈国宏、肖阳和金铃娣（2002）认为技术发展战略是企业的技术创新总体目标部署，以及为实现这些目标而制订的谋划和对策，其基础是正确分析自身的内部条件和外部环境。

郝生宾（2009）总结已有相关研究，从整合的角度全面描述了技术发展战略的相关性质：（1）企业技术发展战略是一种计划，企业通过对内外部环境进行分析，确定和选择企业技术创新要达到的目标，包括收集信息、分析、评价、选择等一系列活动，这些活动是建立在理性分析基础上的；（2）企业技术发展战略表现为管理者的思考方式，企业选择战略时要充分尊重企业原有的行为模式、高层决策者的价值取向以及企业文化，企业创新行为包括企业的价值选择和承诺；（3）企业技术发展战略是对未来的预期，它以企业管理者和广大员工的内部愿望为出发点，制定出关于企业未来持续发展的宗旨；（4）企业技术发展战略是企业对自身的定位，根据自身在产业环境中与竞争对手的比较，将自己定位于高差异性、低成本、先动或后动的位置；（5）企业技术发展战略表现为一种对策，在现代竞争中，企业为了提高竞争地位，在创新中运用的战略手段越来越具有策略性和高端性，表现出强大的力量。❶

可见，在企业技术创新行为中技术发展战略是针对企业技术发展的根本性、全局性和长期性的问题，以提高企业的竞争优势为目标而制订的分析、计划与谋略等。

---

❶ 郝生宾，于渤. 技术战略对企业自主创新作用路径的实证研究 [J]. 研究与发展管理，2009（03）：63-69.

2.2.3　技术发展战略类型

关于技术发展战略分类的研究成果很多，很多学者结合自己的研究领域和视角对技术发展战略进行了分类，具体的分类方法有以下几种。

1. Freeman 的分类

Freeman（1988）将技术战略分为六种类型：机会主义型战略、传统型战略、依赖型战略、仿制型战略、保守型战略、进取型战略等。进取型战略是企业通过不断创新，比竞争对手率先推出新产品，来保持其在市场和技术上的领导性和领先性；保守型企业不想在技术和市场上居于领导者地位，而是通过紧跟领先者的步伐，对其率先推出的产品进行改进和升级，以性能更优越、成本更低的改良产品开辟市场空间，这样可以降低创新风险；仿制型企业一般生产的是已经被市场广泛认可和接受的产品，该产品技术已经成熟，企业直接引进相关技术进行生产，所需的研发费用很小，该类型的企业会在产品生产或销售等方面进行创新，以提高生产效率和产品销售量。依赖型战略企业的依赖性较强，在竞争中充当附属和次要的角色。

2. Anosff 的分类

Anosff（1970）把企业技术战略归结为三种类型：模仿型、跟随型以及领先型技术战略。领先型战略企业能够最先获得忠诚品牌、控制购买者转换成本、掌握领先技术、占有稀缺资源等。但有关资料显示，领先型战略的成功率只有53%左右，平均市场占有率只有10%，采用跟随型战略获得的平均市场份额几乎是采用领先战略的 3 倍（Arora、Fosfuri 和 Gambardella，2004）。领先企业因要付出更高的研发成本，并没有比后进者获得较多的利润；模仿型企业通常没有较强的研发能力，其产品成本低，利润也低（郝生宾和于渤，2008），目前我国大多数企业都采取模仿创新战略。

3. 按照战略方针划分

依据战略方针，可分为进取战略、跟进战略、防御战略、创业战略等（陈晓玲，2001）。防御战略是在保持企业产品结构的基础上，以维护企业的市场支配地位为目标，有选择地研发一些风险较小的新产品；跟进战略是企业跟进业内有实力的竞争者，模仿提升并超越先行者的产品或技术；进取战略要求企业主动出击，在产品创新方面有较强的进取性、创造性，不局限于既定的产品结构和资源现状，但企业在获取较大利润的同时也会存在较大的风险；创业战略是企业以不惜影响现有的生产经营秩序为代价，破釜沉舟式地将多数资源投入以研发新产品。

4. 按照战略内容划分

依据战略内容可将技术发展战略划分为分战略和综合战略。分战略以资金战略、人才资源战略、市场战略、技术战略和研发战略为主；综合战略主要是企业技术创新方针、目标和战略的总体设计规划。

5. 与产品生命周期结合的角度划分

Abernathy 和 Utterback（1975）研究了产品生命周期的进程，提出了 A-U 产品创新分布模式（见图 2-9）。他认为企业的技术创新包括产品创新和工艺创新，相应地也有两类技术创新战略——产品创新战略和工艺创新战略。这两种创新是相互关联的，而且之间有时间差。企业在产品的整个生命周期中，应该适当处理好这两种创新战略，选择合适的创新模式。

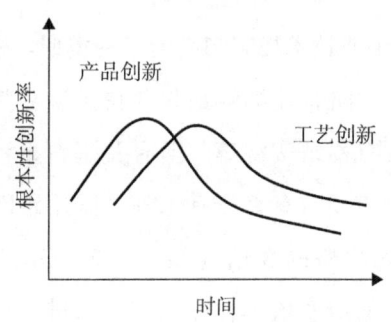

图 2-9　产品生命周期中的创新类型

资料来源：转引自傅家骥. 技术创新学 [M]. 北京：清华大学出版社，1998：43.

张磊和王淼（2009）用产品生命周期与技术发展战略相结合的理论，提出了引入期、成长期、饱和期和衰退期四个不同时期企业应采取的产品创新战略模式：引入期宜用成功率、速度以及专利战略；成长期宜用速度和攻势战略；饱和期宜用成长率、守势和精益战略；衰退期宜用速度和专利战略等。

不同的学者对战略类型的划分角度不一，但也有交叉重合的地方。本书综合前人研究成果，采用安索夫的分类方法，将技术发展战略划分为三类：模仿、跟随以及领先创新战略。

2.2.4 技术发展战略分析模型

战略分析是战略规划的方法和核心架构，对整体战略规划起关键作用。经过战略分析，经营者能够对企业所处的环境状况有较为清晰的把握。主要的战略分析方法有 SWOT 分析模型、市场导向创新分析法、生命周期法等。通过这些分析方法和模型可以得出战略分析中涉及的主要影响因素。

1. SWOT 分析法

运用 SWOT 分析法能够更好地解析战略规划的核心架构。Aaker (1984) 认为，企业战略规划中的 SWOT 分析存在五种情形，即自我分析、竞争者分析、产业分析、消费者分析以及外在总体环境分析。企业通过这一分析能够增强对自身现在或将来的优势、劣势、机会和威胁的全面认识，以长期保持竞争优势（见图 2-10）。Barney（1991）把 SWOT 分析总结为两大主流：其一，强调外在环境分析。波特的五力分析模型被广泛应用，以解释企业面临的产业环境状况。其二，是对企业内部优、劣势分析的"资源基础模型"和"能力基础模型"。为确保最佳绩效，企业竞争场所与手段的选择，需要与公司能力和资源相匹配。

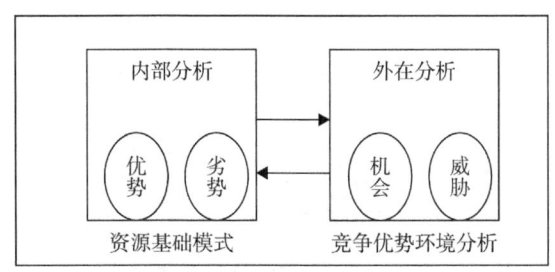

图 2-10 SWOT 分析

资料来源：作者根据 Barney J.（1991）和 Porter（1998）等相关文献整理。

2. 市场导向创新分析法

尽管通过 SWOT 分析方法掌握了大量的信息，但仍缺少明确的战略分析步骤与决策方法。Schumann 和 Prestwood（1994）等人提出了市场导向创新分析法，以协助经营者提出一套实用性、创造性和系统性的技术发展战略。

此方法的分析过程为：①首先是对市场构面的衡量，包括对企业自身技术能力、顾客需求、竞争对手的反应态度三大部分。将这三个方面根据其影响面（制造方法、过程以及产品）与影响度（突破式、独特式以及渐进式改变）加以考量，考量方法以 0~4 共五个等级加以量化，并转换成顾客需求、技术能力、竞争对手反应的三个创新矩阵。②前述三个矩阵能够将完整的市场机会有效汇集成创新矩阵，从而全面掌握企业所面临的威胁强度和潜在机会。③再以相同的方法对组织的远景、使命、目标及过去的战略进行分析与了解，得出企业战略意图矩阵。④通过比较得出的市场机会矩阵与战略意图矩阵，可得出差异性创新矩阵，以评估企业当下市场实际与前期战略之间的差距，以使企业的经营目标得到确认等。图 2-11 和图 2-12 给出了矩阵关系图。[1]

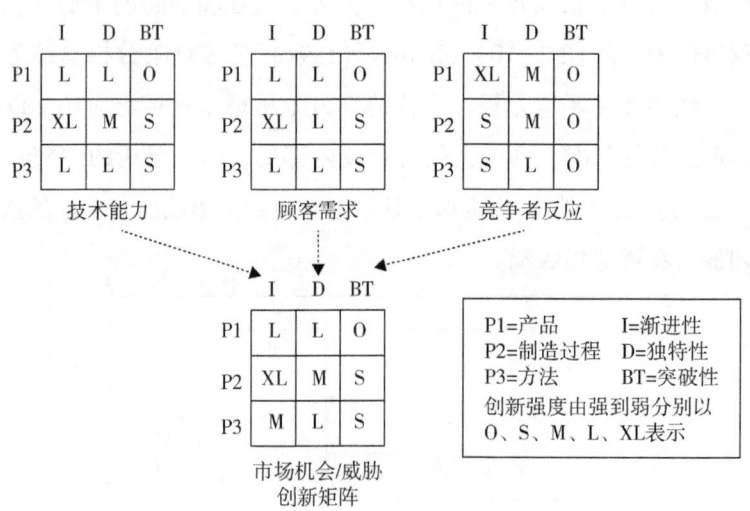

图 2-11　市场技术创新矩阵

[1] 引自 Schumann P A, Prestwood D, Tong A H, Vanston J. Innovate！: straight path to quality, customer delight, and competitive advantage: McGraw-Hill, 1994: 69-85.

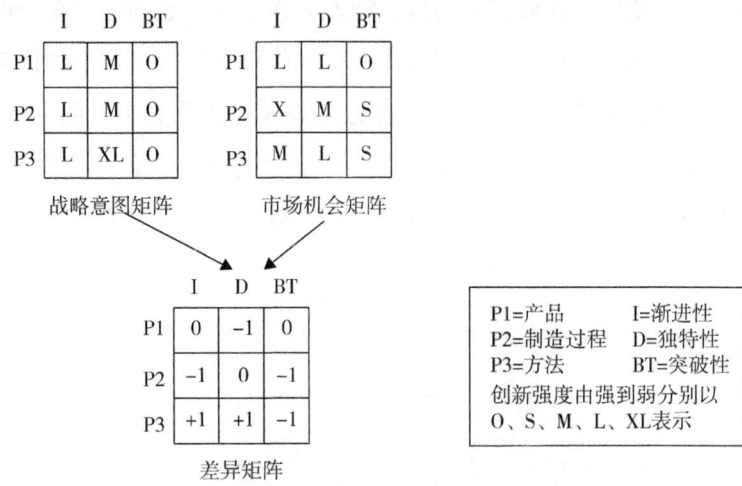

图 2-12　差异创新矩阵

资料来源：根据 Schumann P. A.，Vanston J，Tong A. 和 Prestwood D. 等人的研究整理。

3. 波特竞争战略矩阵模型

波特（1996）从竞争优势和竞争领域两个维度，设计竞争战略矩阵，并提出集中化、差异化和成本领导三个一般性创新战略（见图 2-13）。

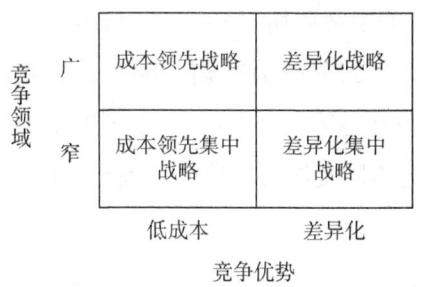

图 2-13　波特竞争战略矩阵

资料来源：迈克尔·波特. 竞争战略 [M]. 陈小悦，译. 北京：华夏出版社，2005：38.

4. 企业价值链模型

企业价值链最早由波特（1998）阐释，即将企业的生产经营行为分割为从投入至产出的系列流程，对最终产品的价值贡献存在于该流程中各个阶段。

经过分析企业价值链，能够探寻其核心能力，并帮助企业制订资源分配计划，通过资源互补实现价值最大化。波特认为竞争优势可以来自厂商的许多活动，包括设计、生产、销售等。每个活动皆有可能成为降低成本、创造差异化的根基。价值链为分析企业竞争优势提供了系统化方法。价值来源活动根据技术和战略分为两大类：一类为主要活动；另一类为支援活动（见图2-14）。

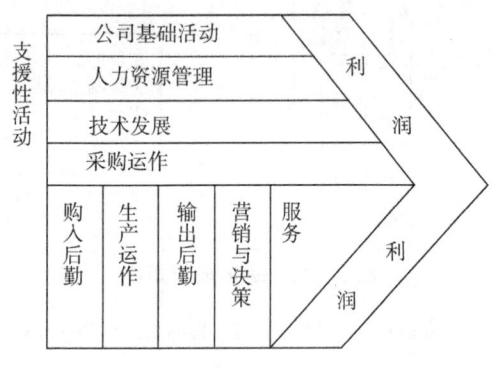

图2-14　企业价值链

资料来源：转引自傅家骥. 技术创新学 [M]. 北京：清华大学出版社，1998：89.

5. 企业生命周期法

任何企业都有自己的生命周期（Miller 和 Friesen，1984；Adizes，1988），根据不同时期的特点，将其划分为初创、成长、成熟、停滞四个阶段。企业内部条件和外部环境在不同的阶段，均会产生较大差异。所以，此类方式通过分析企业所处的不同发展阶段特点，确定其应采取的创新战略模式。

6. 产业价值链模型

产业环境也是企业竞争力的关键影响因素，通过产业分析测知一个产业对现有及潜在业者的吸引力，挖掘该产业成功的关键因素。产业中的一连串"价值活动"，如原材料、加工、运输、服务等，构成了产业价值链（Macher、Mowery 和 Simcoe，2002）。这些价值活动一方面提供了产品附加价值，另一方面也构成企业竞争优势的潜在来源。战略活动根据产业的差异而使产业价值链有差别。部分企业将一些独特的价值活动添附于传统价值链中，很可能使其具有了战略上的竞争优势。产业价值链模型提供了一种进行产业分析的工具。

7. 文献述评——战略分析因素

以上战略分析工具与方法既提供了信息收集与解读方法，也从操作层面上提供了相关战略决策制定方法，用以指导企业的行为。这些战略分析方法是企业通常采用的一般战略分析方法，同时也适用于技术发展战略的分析与制定过程。

通过总结以上分析工具可知，战略分析中涉及的战略分析要素一般包括：宏观环境（社会、经济、技术、文化）、产业环境（潜在进入者、替代品提供者、竞争者、消费者、供应商）、企业自身状况（资源、能力、业务、结构及体制）等，这些因素可以统一于 SWOT 分析框架。此外，还包括企业定位，企业愿景、目标，企业生命周期阶段等因素。通过对这些因素信息的收集和分析，可以对企业及其所处的环境有一个充分的了解。然后，通过不同的模型工具，指导企业做出正确的战略决策。

这些战略因素也包含于技术发展战略的分析中。技术发展战略是关于企业技术创新活动的总谋划活动，因此在战略分析中，偏重于与技术创新活动相关性较强的因素，如宏观环境中的技术因素；产业环境中的竞争者、潜在进入者与替代品提供者，也即与市场竞争状况有关的因素；企业自身的创新资源投入与技术创新能力等；与企业长远技术创新规划有关的企业发展阶段因素；以及与企业技术竞争定位有关的目标、愿景因素等。这些因素决定技术发展战略，影响企业的技术创新活动内容与类型。

2.3　基于技术发展战略的技术融合创新模式选择研究

随着时间的推移，研究技术融合的理论也不断取得新的发展。学者们尝试从不同的角度分析技术融合创新理论。尤其是在企业融合创新活动中，技术发展战略更是发挥着重要的作用。而以战略思维指导技术融合创新的模式选择，可以更好地发挥技术融合创新的优势。

2.3.1 技术发展战略在企业技术创新活动中的作用研究

在企业技术创新活动方面，技术发展战略发挥着重要作用。关于其作用机理，部分学者进行了较为详细的阐述，例如技术发展战略如何影响技术创新方向以及创新能力；更多学者选择其他角度，如以技术创新结果-创新绩效为视角，研究技术发展战略对技术创新绩效的影响；还有部分学者研究技术发展战略的某个角度或维度对技术创新的作用，或者研究技术发展战略对技术创新某方面的影响。本节将相关研究结论综述如下。

1. 技术发展战略与技术创新的关系研究

Zahra（1992）通过实证分析证明：技术领先企业可以有效提高企业的整体绩效。Marc H. Meyer 和 Luis Lopez（1995）对软件行业进行了实证分析，认为技术战略在技术变化非常快的环境下，能够特别显著地影响公司的绩效。McGee、Meggison 和 Dowling（1995）通过对风险投资效益和技术战略关系的研究得出，技术战略的存在和有效实施会显著提高企业的投资效率。

Cooper（1984）全面分析了影响企业成功创新的因素，认为高绩效企业新产品的开发有三大基石，其中之一就是技术发展战略。Motohashi（1998）通过比较日本企业中注重研发的企业和不注重研发的企业的生产效率的不同，发现企业技术发展战略的合理性和有效性显著影响着企业能否取得满意的绩效。Dwyer 和 Mellor（1991）通过研究发现技术战略在对企业成功的影响上没有太大的差异，但一些特定的产业和市场需要特定的技术发展战略。Burgelman（1991）等的研究表明，无论采用什么样的技术战略形式，明确而清晰的技术发展战略的存在是影响创新型企业成功的至关重要的因素。创新绩效的提高在很大程度上来源于企业采取技术发展战略的一致性和适应性。Lawless 和 Fisher（1990）进而指出这种战略上的一致性有利于企业获得新产品开发的效率和能力，帮助企业获得创新绩效和竞争优势。Clayton M. Christensen（1997）认为创新型企业的创建和培育需要在恰当的技术战略引导下，使企业在组织架构、内部交流系统、激励机制等诸多方面表现出与众不同的特征。

张平亮（2006）分析认为技术发展战略的选择是决定企业技术创新方向的重要因素，而且企业技术创新的成败以及企业经营战略的实现和成效也在一定程度上取决于技术发展战略。他将技术创新设置为一个由技术创新投入、技术创新实现和技术创新产出组成的系统。该技术创新系统通过打破环境"瓶颈"，改善环境制约因素，形成企业技术创新系统与环境之间的相互影响、互相促进的正反馈机制，进而达到促进企业经济增长和社会结构优化的目的。而技术发展战略贯穿于整个技术创新系统，起着重要的决定性作用（见图 2-15）。企业长远发展目标能否实现在很大程度上取决于企业技术发展战略是否具有科学合理性。

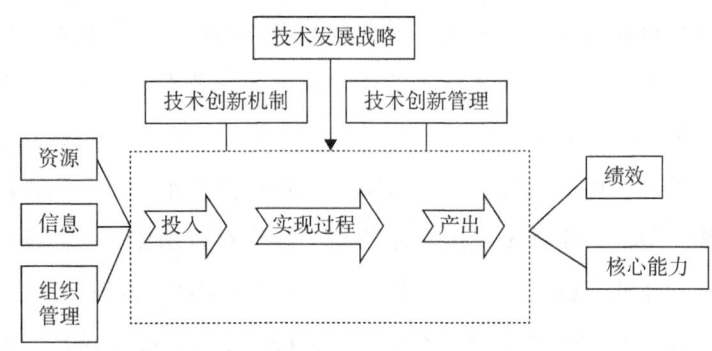

图 2-15　技术创新系统图

资料来源：张平亮. 企业技术创新系统的战略分析和研究 [J]. 科技管理研究，2006a（06）：87-89.

王红（2006）认为一个企业应当对技术发展进行长远规划，并建立明确的发展目标，这需要通过技术战略来落实。技术战略可以使企业决策者有足够的勇气和耐心，在企业中长期开展技术储备和基础研究工作。因为研究室和实验室这样的机构无法为企业在短期内带来利益，只能通过完善、稳健、有远见卓识的技术战略帮助企业积累起真正的竞争优势和发展潜力，以在相当长的时间内保证企业竞争力稳步提高。同时，进一步提出技术发展战略对技术创新的贡献和作用表现在技术战略对技术能力和技术管理水平的提高上。一个拥有完善技术战略的公司可以拥有更高的技术管理水平和技术能力，技

术创新的速度也普遍较快。❶

司军（2010）对企业技术发展战略与技术创新的互动关系进行分析，得出结论：它们之间的互动关系是通过技术能力与战略的不断交互作用实现的。技术对企业发展具有重要作用，是决定企业竞争地位的核心因素。企业技术发展战略与创新活动之间的交互作用表现在：一方面，技术与企业的技术创新能力是企业确定和选择技术发展战略的基础，企业的技术资源与能力必须适应技术发展战略的实施和发展；另一方面，技术发展战略为企业技术创新活动规划了前进的方向和目标，在二者的交互作用中，技术发展战略与企业技术创新能力不断调整和提升。

2. 技术发展战略的单一维度对技术创新的作用研究

从单一维度研究技术发展战略对创新的作用指的是，从技术战略的某个特定内容或维度出发，对其与技术创新关系进行规范性的研究，尤其是对技术创新绩效的研究。Maidique 和 Patch（1982）认为技术发展战略由五个维度构成：技术类型，内部和外部技术来源，研发投资水平，技术引进的时间选择，研发组织等。关于技术发展战略的某个维度对技术创新关系研究，比较多的研究集中于研发投入强度、技术选择、技术源选择、创新过程管理。

其中，比较有代表性的研究结论有：Zahra 和 Fescina（1991）的研究表明，研发经费的投入水平决定了企业开发新产品的能力；Torkkeli 和 Tuominen（2002）进行的一项关于技术选择对核心能力贡献的研究表明，企业在做出技术选择决策时，意味着先进技术的引入及配套资源的补充和完善，同时企业核心能力的提升路径也基本被确定；Noori（1990）指出企业需要选择与外部企业进行技术合作还是通过内部自主研发获得所需技术，技术如何取得决策影响创新绩效；英国经济学家 Ormerod 和 Rosewell（2009）指出，作为决定产品创新绩效的关键变量，过程及过程管理在产品创新的研究及实践中受到了广泛的关注。

---

❶ 王红. 企业技术战略对创新绩效的影响 [D]. 杭州：浙江大学，2006：45.

3. 研究述评

从以上技术发展战略与企业技术创新关系的相关研究来看，目前直接研究技术发展战略对技术融合创新关系的成果很少。从已有的研究结论分析可知，技术创新活动的各个方面受到技术发展战略及其构成维度的影响，比如技术创新的绩效、方向等。技术融合创新作为技术创新的一种方式，以上相关研究结论也适用于技术发展战略对技术融合创新的影响。

技术发展战略决定技术融合创新演进的方向。迈克尔·波特（1996）认为，"技术创新和战略在一个更深远的层次上相互联系，因为技术创新的独特性与获得竞争优势的基础战略管理相结合时，技术创新与战略的相互影响呈现为'看不见的手'的景象。"因此，技术融合创新必须将企业的技术战略意图以及技术发展方向表达出来，体现技术战略中"企业可望达到的竞争地位以及企业发展所要依照的准则"❶。企业技术发展战略是技术融合创新的前提和条件，决定了企业技术融合创新的目标和方向。

技术战略渗透于技术融合创新过程。前述技术融合创新的一般过程包括技术选择、技术导入和技术内化等步骤。其中技术选择也是技术战略的一个构成维度，技术导入中技术导入方式的选择构成技术战略中技术来源选择维度，技术内化受技术创新管理维度的影响。技术创新管理维度影响着技术内化，因此，技术战略指导着技术融合的整个过程。

技术战略规划融合创新的未来发展。融合创新通过提升企业创新能力树立企业竞争优势。通过对战略的"能力观"以及技术发展战略与技术创新能力的关系研究可知，技术创新能力的培养是一个循序渐进的过程，是通过长期持续不断地技术积累实现的。这一个长期的过程离不开技术战略的规划与指导。技术融合创新是提升企业创新能力的手段和形式，因此融合创新活动的长期执行也需要技术发展战略的规划与指导。

技术融合创新有不同的实施方式——融合创新模式。因此，技术融合创新活动的实施需要技术战略的规划与指导，也就是指导技术融合创新模式

---

❶ Porter M E. What is strategy？ [J]. Harvard Business Review，1996：81.

的选择与转换。

2.3.2 技术发展战略对技术融合创新模式选择作用研究

目前直接研究技术发展战略对技术融合创新模式选择影响机理这一领域的学者还相对比较少。而且很多研究以不同概念命名进行内容上相似的研究，主要有技术发展战略对技术和技术创新模式的选择方面的影响。此处的"技术选择"包含以下三种选择：核心技术选择、技术源的获取模式选择、技术创新模式选择。一些学者认为技术创新模式与不同的技术发展战略所含意义相同，进行"战略"选择或"模式"选择研究。比如渐进创新模式（战略）、突破创新模式（战略）；自主创新模式（战略）、合作创新模式（战略）、集成创新模式（战略）等。

1. 技术发展战略与模式选择关系相关研究

Madique 和 Patch（1982）提出了与不同发展战略相匹配的技术选择战略。Porter 也从多个维度研究了技术选择与企业战略之间的联系。企业战略包括产业范围差异化、集中差异化、成本领先和集中战略，在不同的战略实施过程中，技术选择应该各有差异。Zahra 和 Covin（1993）的研究结果表明，对于技术型企业而言，技术选择和企业战略之间的匹配与财务绩效之间存在正相关关系。安同良（2003）系统阐述了技术选择与战略匹配的问题，从理论角度剖析了企业选择技术以及企业技术能力获得的动因，并加以实证研究，深入探索中国企业技术选择的行为机理。李纪珍（1999）详细论述企业技术选择的层次性是由技术在企业经营战略中所起的作用决定的，需要在战略上和战术上进行分析和决策。朱锐（2009）研究了产品生命周期各阶段的企业战略模式。

技术发展战略和"技术选择"之间的关系研究，主要集中于技术发展战略与不同技术选择模式之间的匹配角度。关于技术战略影响模式选择的机理主要体现在模式选择的战略因素分析上。

2. 基于技术发展战略视角的创新模式选择研究方法

战略视角的相关创新模式选择是建立在战略因素分析基础上的。常用的有两种战略因素分析方法："以环境为基础的"分析方法，分析与产业、市场有关的战略因素，有的学者将其扩展至经济、政治、社会、文化等宏观因素；"以核心竞争力为基础"的分析方法，分析企业内部资源、能力等企业自身因素。还有部分学者将企业生命周期、战略目标定位、战略类型匹配等因素作为模式选择的影响因素。

王新宇、张仲义和刘建生（2009）利用霍尔的三位结构模型，总结霍尔模型的三个维度：生命周期、创新能力和外部环境，通过三个维度综合评分值的比较分析了软件行业的创新模式选择。黄生权、曹斌和王宏宇（2010）将自主创新和模仿创新作为两种技术发展战略，通过建立三级技术发展战略选择模型评价指标体系，运用数据包络分析方法，分析了中小企业的技术发展战略选择过程。彭纪生和刘春林（2003）从战略角度对运用博弈分析方法对高新技术企业的创新模式进行了研究。尹相青和韩天帅（2006）以战略选择最常用的 SWOT 分析方法为基础，建立了创新模式选择模型。

表 2-4 是对相关研究因素和研究方法的总结，从以上研究结论可知，目前因素分析法广泛应用于创新模式选择研究中。技术发展战略背景下的模式选择分析涉及的影响因素，一般置于战略分析的框架下，如结合战略的资源观、能力观与环境观的 SWOT 分析法、生命周期分析法等，学者一般将战略目标作为内部因素进行分析，本研究将其作为企业模式转换的方向维度进行分析。

表 2-4　战略视角的模式选择影响因素

学者	战略视角的模式选择影响因素		分析方法
金清（2008）	内部因素：创新意识、产权性质、控制力与执行力、创新资源投入能力、创新产出能力、发展战略与创新机制		模糊积分法和指标评价法
	外部因素：政策环境、产业环境、社会服务环境、企业生命周期		
孔凡星（2012）	内部因素：研发能力、产品制造能力、资源投入能力、竞争能力、收益能力、营销能力		TOPSIS 法；战略共振模型
	外部因素：市场结构、顾客、技术、经济、社会、法律等环境		

学者	战略视角的模式选择影响因素	分析方法
杨国忠（2007）	内部因素：企业发展战略、企业创新能力、激励机制 外部因素：市场结构、相关市场体系、政府政策和法律制度	指标评价法
栗静坤（2013）	企业自身条件：技术能力、企业组织、人员结构、战略目标 技术变化趋势 技术经济政策	定性分析
王新宇、张仲义和刘建生（2009）	生命周期：初创期、成长期、成熟期 创新能力：投入能力、R&D 能力、组织力、经营力、资源力 外部环境：机会、威胁	三维模型
黄生权、曹斌和王宏宇（2010）	战略模型因素：市场环境、技术环境、政策环境 组织过程：内部整合、技术合作 绩效：投入、产出	数据包络分析
彭纪生、刘春林（2003）	内部因素：技术竞争能力、学习能力、连续动态的技术进步 外部因素：国际环境、扶持政策、产业技术发展、市场需求、竞争对手	博弈分析

资料来源：根据文献整理。

2.3.3　文献述评

目前在技术融合研究领域，具体研究技术发展战略与融合创新关系的研究文献较少，但我们可以从很多相似的研究中，如技术发展战略与技术创新活动的关系研究，分析二者之间的关系。技术融合创新活动的科学实施，与之相关的技术创新能力的长期积累，都需要技术发展战略的规划与指导。具体到技术融合创新的实施方式——技术融合创新模式的选择上，也需要协调匹配技术发展战略。基于长期角度，企业由实施技术融合创新形成的技术创新能力，技术累积一方面使技术融合创新模式和战略不断地演进，另一方面又提高了技术创新能力，如此在战略的指引下，形成技术能力与融合创新模式的良性互动。

因此，企业需要用战略思维，在战略视角下分析技术融合创新模式的选择问题。目前很少有学者直接对基于战略视角的融合创新模式选择进行研究。我们通过总结相近似的研究内容，如在发展战略基础上的创新模式选择、技术源选择、技术发展战略选择的研究中，总结出在技术发展战略视角下研究创新模式选择问题的一般研究方法。通过整理分析这些研究可知，目前多数研究者采用因素分析方法，置于战略分析框架下分析战略因素是如何影响创新模式的选择。对这些战略因素与创新模式之间选择关系进行分析的方法有很多种，定性的有案例分析、理论推导，定量的有数学建模、博弈、实证检验等。本书借鉴这些研究方法，分析在战略视角下技术融合创新模式的选择问题，这一分析主要是建立在战略的资源观、能力观、环境观、生命周期理论、战略类型等相关的理论基础之上的，体现的相关战略分析方法涉及 SWOT 分析方法、企业生命周期法、市场导向分析法等。在具体因素选择上，结合技术融合创新特点，偏重于选择与技术融合创新活动相关性较强的因素，模型验证方法采用实证分析方法。

2.4　本章小结

本章主要从以下几个方面进行文献回顾：

（1）回顾和分析了技术融合创新相关理论研究，包括与融合创新在内涵上相近的技术会聚、技术集成的相关理论发展。然后，对技术融合创新的实施过程、实施模式、对融合创新成功实施的影响因素进行了文献梳理和归纳。

另外，为了深入探究技术融合的实施机理，回顾和分析了与技术系统有关的文献资料，包括技术系统特征、技术系统结构、技术系统的演化方式等。

（2）回顾和分析了技术发展战略相关理论，包括技术发展战略的含义、技术发展战略的类型，以及技术发展战略分析的影响因素和战略分析工具等方面的文献。

（3）对技术发展战略与融合创新的关系研究相关文献进行了回顾和分析，包括技术发展战略对技术创新的影响，技术发展战略对创新模式选择的影响因素，以及所用到的研究方法的整理和分析。

通过对文献的回顾和分析，本书认为，立足于技术发展战略视角研究技术融合创新模式选择问题是深化融合创新模式选择理论、丰富技术发展战略理论的有效途径，接下来，本书将沿着这一思路进行理论推导与实证研究。

第 3 章

技术融合创新模式及其选择因素

企业若要在当前竞争激烈、动荡变化的环境中获得持续竞争能力，在进行技术融合创新模式选择时有必要立足于技术发展战略视角，兼顾局部优势与整体环境，协调当前利益与长远发展。基于技术发展战略视角研究技术融合创新模式选择与转换问题，需要从基本概念与内涵出发，探析技术融合创新模式的划分与特点、影响企业技术融合创新模式选择的因素，以及技术发展战略与技术融合创新模式之间的关系等相关问题。

3.1 技术融合创新模式类型

3.1.1 技术创新模式的内涵与界定

模式是解决某一类问题的方法论，即把解决某一类问题的方法提升到理论的高度。技术创新模式是关于技术创新问题的方法论。在技术创新过程中涉及诸多资源要素的整合方式，包括待开发技术的选择、技术获取来源的选择、如何开发、资源配置方式、技术商业化与传播方式等。相关因素在匹配、融合构成、系统结构上的不同，形成了不同的技术创新模式。

选取的分类角度不同，技术创新具有不同的模式划分方式。根据Mansfield（1968）、Freeman（1997）等学者的观点，以创新新颖性或改变速度将技术创新分为突破性创新（Radical Innovation）和渐进性创新（Incremental Innovation）两种类型；根据不同的技术创新内容，可以分为工艺创新和产品创新；根据技术创新的创新动力源自技术还是需求，将其分为需求拉动、技术推动或者二者的结合；从技术创新应用的方法出发，清华大学傅家骥教授将技术创新分为自主创新、模仿创新和合作创新。尚勇（2005）进一步根据技术来源的不同，将自主创新划分为原始创新、集成创新及引进技术的消化吸收再创新。崔远森（2005）以企业边界为标准将已有的创新模式重新分类为企业内部创新模式和外部创新模式。Chesbrough（2006）区分了开放式创新和封闭式创新的区别，并提出了开放式创新模式。Kodama（1992）根据技术创新中涉及技术领域的多少，将技术创新划分为单一领域的科学突破模式和多领域技术融合模式。

3.1.2　不同类型的技术融合创新模式

在经济高速发展、技术全球流动的当代，技术在全球范围内的加速流动，各学科、各领域间的技术相互融合现象越来越普遍，企业技术创新活动普遍呈现出多领域的技术知识相互融合特性，技术融合在当今企业中的应用越来越普及（Roco 和 Bainbridge，2002）。根据解决技术融合创新问题的方法的不同，技术融合创新的模式划分角度与方法不一。

技术融合创新过程中涉及的诸多资源要素在结构安排、融合、匹配相关上的不同，构成了不同的技术融合创新模式。按照不同的分类标准，可将技术融合创新模式划分为不同的分类。Iansiti（1998）从技术新颖程度角度将技术融合分为渐进融合和突破融合；Clark 和 Fujimoto（2001）从技术来源角度将其划分为内部融合、外部融合；徐晔和黎翔（2012）从技术获取方式角度将技术融合划分为自主研发、技术合作、技术引进等模式。可见，现有对融合创新模式的划分方式多数沿用对创新模式的划分角度和思路。随着技术的全球性流动、组织创新活动开放度的提高，企业在全球范围内进行技术选择。一项技术融合创新中涉及的多领域技术，其来源范围和获取方式形式多样，技术成果新颖程度的评价标准也并不统一（慕玲和路风，2003）。因此，技术在不同领域间的渗透、融合，模糊了这些模式之间的界限，现有的技术融合创新模式环境逐渐不再适用于当前企业技术环境和竞争环境发生的新变化。

如前文分析，在技术融合创新中，企业将多种不同领域的技术单元以及定制化元件，按照一定的规律或层级结构连接在一起，组成一个具有优势互补、协调配合的技术系统。该技术系统一般由元件技术和架构技术构成（Best，2001）。元件技术是构成技术系统的单个技术单元和功能模块等（Henderson 和 Clark，1990）；架构技术是多种不同层级的元件技术的联结方式及相互关系（Christensen 和 Rosenbloom，1995）。通过技术融合构成的技术系统一般具有开放的架构，可以不断融入新的技术资源（元件技术及架构技术），以在多变的市场需求和丰富的技术供给间创造出匹配性（慕玲和路风，2003）。因此，对该技术系统中元件技术或（和）架构技术的创新都属于技术融合创新的范畴。

随着产品复杂性的升级，一项产品/技术系统包含越来越多的子系统和定制化元件，以及将它们连接在一起的控制单元。企业对产品所有部分进行技术创新的难度越来越大，因此有必要将产品的复杂技术构成进行分解，依据企业能力和市场需求对被融合的专门技术单元及融合架构进行不同程度的创新。

企业通过对技术系统中被融合的专门技术和整体架构进行不同程度的创新，以对原技术系统进行正向干预使其不断改进、优化、提升、变革（许志晋，1993）的过程，构成技术融合创新的实质内容。

当企业对原技术系统的少量技术元件进行较低程度的创新，以改进该技术单元的技术性能，使产品的某一方面功能更优越，而其余技术单元及整体结构保持不变时，可以称为复制式融合，如提高照相机像素，增加存储器的存储容量等；当企业替换、增加原来技术系统的某些专门技术和功能模块，或对多个功能模块进行重新编程，以对被融合的专门技术和融合架构进行一定程度的创新时，可以称为改良式融合，如手机增加照明、摄像、音乐播放等功能模块或面向不同年龄段的消费者融合不同功能模块，生产不同特色的手机等；当企业对多个技术单元包括核心技术进行较高程度的自主创新，并重新设计技术架构，从而形成具有全新的功能或结构的新产品时，可以称为嫁接式融合。例如，以操作系统为基础架构的智能手机已完全不同于普通手机的简单物理架构，并能以其强大的开放性融合实现更多的功能。

由此，根据企业对被融合的专门技术创新度及对融合架构的创新程度，将技术融合创新划分为复制式融合、改良式融合和嫁接式融合。下面分别介绍每种融合模式的特点、优势、适用条件等内容。

1. 复制式融合

复制式融合创新是指企业对原有技术系统中少量专门技术单元或功能模块进行较低程度的创新，以升级产品某方面的技术性能，其他核心技术模块以及产品整体架构需要从技术所有者企业模仿或直接引进的创新过程。复制式融合中，企业生产的产品一般是已经定型的成熟产品，企业从外部直接引进成熟的产品架构技术、元件技术，然后将这些不同技术单元融合、组织在一起进行生产；企业对产品系统的创新程度很小，集中于对部分非核心的技术单元进行较小程度的创新，以使产品在原有技术架构和核心技术基础上质量更佳、性能更优越或用户使用更便捷等。

这种模式的优点是：第一，因其产品（技术）系统中的大部分技术是模仿别人的，创新难度小，企业承担的创新风险也很小，这使得企业在技术基础薄弱的情况下也可以有创新产品产生。同时，创新需要的研发及创新投入较小，创新速度快，保证产品可以迅速推出市场，获取市场利润。第二，企业可以集中主要的资源和财力生产产品，尽力提高生产效率，通过市场的开拓扩大产品产量并达到规模经济。第三，企业在自主创新能力和规模实力比较薄弱的前提下，以该产品为载体和起点，在市场中逐渐了解和把握市场需求，了解技术发展态势，吸收和学习外部技术资源，逐渐积累市场和技术知识，明晰产品系统新的改良方向，识别并实现可能的技术和市场机会。

复制式融合模式的缺点是：第一，依附于技术供应企业，企业发展受制于人，当技术过时或市场饱和，而企业还没有找到新的利润增长点时，企业很容易陷于被动。第二，尽管节省了大量的研发支出，但企业需要向技术来源方支付高额的技术使用费或专利费用，压缩了自己的利润空间。第三，产品进入市场的时间滞后，模仿企业不可避免地落后于领先企业或跟随企业，此时先期产品已在市场中占有一定的份额，垄断利润随着竞争者的加入已被挤占，企业只能获取较低的平均利润。第四，长期采用这种模式不利于企业培养自己的技术创新能力，企业应该将这种模式作为一种过渡，进行技术积累，向更高阶的融合创新模式过渡。

该模式一般适用于初创企业，此时企业一般无力进行相关技术的研发；或适用于生产的产品处于生命周期的成熟期或发展后期的企业，此时产品相关技术相对成熟，专有技术专利期限已到期，逐渐成为通用技术，比较容易获取，企业不需要进行相关产品的研发。我国大部分制造企业在创立初期，为了获得生存以追求短期经济利益为主，攸关企业发展的核心知识主要通过外部供给。

2. 改良式融合

改良式融合创新企业根据目标市场的特点，对原产品技术系统中被融合的专门技术及融合架构进行一定程度的创新，如对原技术系统的一部分元件技术、功能模块或架构技术进行替换、改良，或在原有技术系统基础上增加新的技术单元或功能模块，并将这些改进后的或新添加的功能模块与原有技术单元融为互补匹配的一体，以达到提高产品差异化的目的。改良式融合创新基于已有的技术架构或产品平台，对原有的技术系统进行一定程度的改进和提升，开发出具有一定独特性和创新性的产品。该模式一般不会整体改变原产品核心架构，即不会改变原有产品系统的本质属性。

这种模式的优点是：第一，企业改进、创新的是已有技术体系或产品架构，所以开发风险相对较小。第二，通过改良使产品更适合当地市场或特定人群的需求，提升品牌的市场形象，扩大市场占有率。同时，改良式融合还有利于企业避开主导市场的竞争，以差异化的产品特性或服务进入细分市场，为企业生存并持续存在提供了成长空间。第三，企业通过对原产品技术体系结构的反解和探索，不断积累技术基础和创新能力，有利于企业提高自主创新能力。

改良式融合创新模式的缺点是：第一，该模式的融合创新并没有从根本上改变产品基础架构，形成的核心自主技术知识产权有限，关键技术模块仍然依附于外部技术供给；第二，这种创新所形成的技术成果一般不是特别复杂，比较容易被竞争对手模仿和学习，难以形成技术壁垒。

改良式融合创新对企业的技术能力和资源投入有一定的要求，一般适用于成长期的企业或具有一定研发资源和创新能力的企业。企业技术融合创新对象（产品体系或技术系统）一般处于发展期，产品技术形态尚不成熟，仍有很大的变动性和成长空间。企业通过改良式融合创新模式推动了产品或技术的升级换代，促进产品或技术生命周期的向前运行。企业一般可以获取细分市场的垄断利润，少数企业通过对产品持续不断地改良，使其在性能和使用方便性上超过先导产品，并占据主流市场，成为行业领先企业。

3. 嫁接式融合

嫁接式融合是指通过配置企业内、外部最先进的技术成果，对原技术系统中的专门技术和融合架构进行高度创新。企业通过自主研发、自行设计具有全新功能或全新架构的核心技术单元或功能模块，然后将该自主技术单元或模块以最合理的方式嫁接到以其他基础技术、辅助技术或外围技术构成的技术母体上，并实现各模块间的无缝融合，最终开发出具有全新技术架构和全新特性的产品或技术系统。这种融合创新的成果一般是开创性、突破性的产品或技术。

这种模式的优点是：第一，企业通过嫁接式融合开发出具有全新功能或体验的产品，使产品差异化特色更加显著，有利于企业引领创新潮流，更主动地把握产品更新周期；第二，产品技术创新含量较高，可以形成技术壁垒。同时企业以全新的产品进入市场，有利于赢得先动者的优势并获取高额垄断利润。

嫁接式融合创新模式的缺点是：第一，该模式对企业技术能力和资源投入要求较高，一旦研发失败，所有的前期投入成为沉没成本而无法收回，企业要承担较高的创新失败风险；第二，创新产品的研发周期较长，产品推出市场的时间较慢，在竞争激烈的情形下，有可能被竞争对手抢先推出市场，抢占市场先机。

　　嫁接式模式一般适用于技术和资金实力比较雄厚的大企业或高科技企业，企业有实力和研发能力进行开创性的融合创新。融合创新产品处于萌芽期，市场上还无相似产品，企业据此可以获得领先者地位。企业在嫁接式融合创新过程中，所采用的技术一般是较为先进、尚未被开发利用的技术，而这些技术的研发成本通常是很高的，因此，企业需要积极探索外部技术发展前沿和时刻关注市场动态变化，以降低研发成本和提高市场成功的可能性。表 3-1 给出了各模式的相关特性、优势及适用条件。

表 3-1　三种技术融合创新模式对比

	复制式融合	改良式融合	嫁接式融合
创新程度及创新范围	对原技术系统中被融合的专门技术进行较低程度的创新，改善、提升产品局部性能；不改变其核心元件技术及架构技术	对原技术系统中被融合的专门技术及融合架构进行一定程度的创新；不会根本改变原产品的基本架构及属性	自主开发核心技术单元及架构技术，并嫁接到已有技术母体上；改变了原产品的技术属性，创造的是全新产品
实施基础条件	对自主创新能力要求较低；企业生产水平较高	有一定的技术基础和资金实力	对技术实力和资金实力有较高的要求
适用对象	初创企业或产品处于生命周期的成熟期或发展后期，外部技术相对成熟	成长期的企业或产品市场处于发展前期	大企业或高科技企业，产品处于萌芽期
优势	研发成本低，快速响应并满足市场需求，规模经济，后发优势	较低的研发支出，能快速满足部分市场潜在需求，进行差异化或标准化战略	拥有核心自主技术研发能力，市场领先者优势
劣势	技术依赖	核心技术仍依赖外部	高昂的研发沉没成本，路径依赖，研发速度慢
发展重点	降低运营成本，学习并积累技术基础，培养自主研发能力	增大自主研发投入，提高技术创新能力，掌握核心技术的自主知识产权	追踪外部技术前沿，积累多样化技术基础，培养核心技术及时转化能力，提高对市场的反应速度

资料来源：李平，杨凤鲜. 企业融合创新的三种模式 [J]. 经营与管理，2013 (5)：99.

　　通过对三种融合创新模式特点及优劣势的分析可知，每种融合创新模式各有优势和劣势，需要的适用条件不同，为企业带来的收益及培养的竞争优势也各不相同。从复制式融合到改良式融合，再到嫁接式融合的模式变迁，其对产品/技术系统的创新范围逐渐扩大，创新程度不断增加，由此创新难度不断增大，所需的创新投入和创新能力不断提高，而对企业未来发展潜力的影响力也不断增强。正确的融合创新模式选择对企业技术创新能力的积累和可持续发展的实现具有重要的意义。

3.2 影响技术融合创新模式选择的因素

技术融合创新模式的正确选择和实施是决定企业创新成败的关键环节之一，决定了企业技术能力和创新能力的演化路径，对企业核心竞争力的进一步提高具有关键性的指导意义。通过对技术创新模式选择的影响因素、影响技术融合创新成功实施的因素等相关文献及研究成果的理论回顾，以及结合各模式的特点得知，技术融合创新模式选择受多种因素的影响。本节对这些相关因素进行综合整理，分析其对技术融合创新模式选择可能产生的影响及其作用机理。

3.2.1 技术发展战略

企业选择什么样的技术融合创新模式，首先受到技术发展战略的影响。研究表明，技术发展战略并不局限于高技术行业，而是企业普遍需要考虑的问题。随着我国改革的深入、国内外经济的快速发展，企业所处的国内外竞争环境日趋复杂，技术发展战略逐渐成为企业战略的最重要的一环，在企业发展过程中发挥着重要作用（宝贡敏，1997）。就算企业的技术发展战略相对模糊，也将对企业创新产品和过程平台的选择以及企业技术水平的发展潜力起着决定性作用（陈劲和何郁冰，2008）。因此，在企业技术创新活动中，技术发展战略对技术融合创新模式的选择居于首要且关键的地位。

梅姝娥（2008）分析了技术发展战略对技术创新模式选择的影响，包括技术发展战略在企业总体战略中的地位、技术发展战略和创新产品价值等维度。杨国忠（2007）分析了技术发展战略与技术创新模式的匹配关系。在已有研究结论的基础上，本书将技术发展战略层面影响融合创新模式选择的因素归纳为：技术发展战略环境、战略资源与能力、战略阶段、战略目标、战略整合等维度，并在下一章详细论述技术发展战略层面各因素与技术融合创新模式选择的作用机理。

3.2.2　企业规模

企业规模通常指一个企业的经营总额、员工总额和资产总额。一般情况下，企业规模是企业综合实力的整体体现，包括企业的资源控制能力、生产经营能力和市场竞争能力。企业的综合实力和技术创新能力伴随着企业规模的扩大而不断增强。

企业规模不仅会影响企业技术融合过程中的创新成本投入，还会影响企业整合创新资源、管理创新过程的难易程度。Galbraith（1983）认为大企业在技术创新方面具有先导作用。大企业在筹集创新项目所需资金的能力方面更具优势，并有能力分散风险。同时，大企业有能力进行信息管理和保持大规模的 R&D 水平，因此大企业更有能力进行较高层次的嫁接式融合创新。而且，规模较大的企业具备一定的能力和资源建立自己的研发基地，为企业进行改良式融合创新和嫁接式融合创新创造了条件。相反，Galbraith（1983）认为小企业不仅缺乏风险管理的能力，而且对于信息处理和管理能力也存在不足，缺乏有效的市场研究的能力。因此规模较小的企业可能会选择复制式融合或改良式融合模式。

3.2.3　产品模块化水平

产品技术模块化和模块创新会将现有产品的组成结构打破，并且促使产业价值链分散的同时按照功能进行重新组合。即模块化分工会导致产业价值链上游或者下游的产业超越前后关系并结合起来形成新的"功能模块"。产品模块化划分使具有类似功能的单元分离，用标准化原理进行归并和简化，使其成为标准模块（Lei，2000）。标准化的多级通用和专用模块的重新构建，使企业多样化产品的快速研发和生产成为可能。所以，产品技术的模块化提高了产品的多样化水平和产品升级更替的速度，缩短了产品生命周期。产品的模块化在降低复杂产品生产和创新难度方面起到了一定的作用。产品技术模块化程度较高，企业可以通过组合各技术模块进行生产，或对若干个技术模块进行改良创新。同时，模块化将产品生产链拆分为不同的组块，各模块生产分散于不同的企业，增加了对产品整体架构进行创新的难度。因此，对于产品技术模块化程度比较高的行业，企业可能会选择复制式或改良式融合。

3.2.4 政策环境和法律制度

Rothwell（1984）总结出，政府对技术进步的态度广泛影响企业创新行为和态度。政府通过一些政策工具，如给予金融和技术协助、提供人力支持、政府购买、税收政策、专利政策和规则等，调控企业的技术创新行为。这些政策工具搭建了企业技术创新活动的法律、法规和经济框架。在技术融合创新三种模式中，嫁接式融合和改良式融合需要很高或较高的创新资源投入，而复制式融合需要的投入较少。因此，当政府的支持力度较高，并且创新成果可以得到有效的保护时，企业可以从嫁接式融合或改良式融合创新中获得更多的收益。当政府对企业创新的支持力度较低，企业必须自行筹集所需的资金，或者知识产权保护力度较低，创新产生的核心技术成果很快被竞争者所模仿时，企业从嫁接式或改良式融合创新中获得的收益大大减少，因此企业会采用复制式融合或较简单的改良式融合创新。

3.2.5 金融支持体系

企业进行技术融合创新所需的资金除了政府资助和自我积累外，从金融支持体系募集是一个重要的渠道。尤其是中小企业，由于自身资金有限，能否顺利从金融市场获得所需创新资金对企业的创新活动有着非常重要的影响。在评价金融支持体系对技术融合创新模式选择的影响时，可以用企业创新资金筹资的难易程度来衡量。由于嫁接式融合创新需要很高的投入，当企业可以从金融支持体系募集到足够的资金时，企业的嫁接式融合创新才能顺利展开。反之，当创新资金筹集很困难时，将对企业的嫁接式融合产生不利影响。

创新筹资难易度对改良式融合的影响程度相对较低，对复制式融合创新的影响更低。

3.2.6　技术市场

技术市场一般用技术市场的成熟度来衡量（V. K. Narayanan，2000），技术市场的成熟度是指企业从技术市场获取技术的难易程度。在成熟的技术市场上，企业可以较容易地获得需要的技术，并且其商业化开发程度已相对成熟，企业可以省掉内部开发投入，此时企业可以采用复制式融合或改良式融合模式。但是，通常创新性的领先技术很少是来自单个来源，或者是以完成的形式提供的。如果技术市场不成熟，企业难以获得所需的技术许可，或技术发展还不成熟，处于萌芽期，企业只能通过内部研发，继续创造和完备所需技术，此时企业倾向于选择嫁接式融合。

第4章

技术发展战略与技术融合创新模式

4.1 技术发展战略的内涵与界定

企业技术战略是企业总体发展战略的一部分，是企业经营管理层面的战略。企业技术发展战略是对企业技术开发的谋略，是对企业技术开发整体性、长期性、基本性问题的计谋。企业技术战略是积累、开发、利用技术资源和技术能力，保持和提高企业核心竞争力的方式。

4.1.1 企业发展战略

企业发展战略是企业在对外部环境和内部条件进行总体评估、把握和预测的基础上，对企业发展方向和经营重点做出的长远性、整体性谋划（Glueck，1976）。企业发展战略涉及企业的长期发展内容和发展方向，并在企业朝向目标前进的过程中，协调配置企业内部资源和能力，以使其与不断变化的环境，包括市场、技术、政策等相匹配。企业发展战略由于其具有纲领性、整体性、长远性等特点，对企业持续存在与发展具有关键意义，并成为现代企业管理的重要内容（赵晓庆和许庆瑞，2001）。

企业发展战略是一个由诸分支战略组成的战略体系。该战略体系包括总体战略和职能战略两个组成层次。企业发展的总体战略决定企业的总体发展内容和方向，居于主导地位；职能战略居于从属地位，服务于总体战略的原则和方向。不同的企业具有不同的行业背景、规模实力及发展状况，企业职能战略的种类也不尽相同，一般包括技术发展战略、市场营销战略、人力资源战略和财务战略等（储雪林，1997）。可见，技术发展战略是企业发展战略的一个分支战略，是对企业技术发展内容和方向进行规划的战略。

4.1.2 企业技术发展战略

技术发展战略是企业不断促进自身技术发展的战略谋划（Chandler，1962）。全球性的技术革命浪潮的掀起，使战略管理研究学者认识到技术在企业经营业务和竞争战略中的重要作用，为了适应竞争环境的变化并建立企业长期竞争优势，企业将战略管理思想与方法应用于技术领域中。陈玥希和蔡建峰（2005）认为技术发展战略是企业在确定总体战略之后，把战略管理应用在企业技术领域，所做出的企业技术发展整体目标部署，以及为实现目标而制订的一些整体性、长期性和指导性的计划和应对策略，其中包括对内外部环境分析、企业技术定位、未来发展战略选择、实施与控制等一系列问题进行的分析、决策过程。

随着科学技术的发展和进步，技术逐渐成为企业在竞争中获得成功的关键因素，技术发展战略在企业战略体系中的地位越来越突出。第一，技术发展战略服务于企业整体发展战略。技术发展战略最核心的目的是服务于企业中长期发展目标，让企业采取不同的技术发展路线，以对未来技术发展方向进行明确的定位，通过技术发展战略的选择与实施，逐渐积累企业的技术知识和自主创新能力，培养企业的核心竞争地位（杨省贵，2002）；第二，技术发展战略在战略体系中处于重要的地位。技术要素充斥于企业全部职能活动，技术发展战略在企业的职能战略中处于最重要的地位，企业其他相关职能战略，都要将技术发展战略作为最终落脚点（Cooper，1984）。不仅生产职能部门中的技术发展，企业人力资源管理、财务管理中的技术进步同样对提高企业竞争优势有着重要的影响，不同职能部门通过采用新技术，一方面提高工作效率、降低生产成本，另一方面提高服务质量、改进产品性能，从而增强企业的竞争优势。

赵晓庆和许庆瑞（2001）认为，技术发展战略不再是低层次的职能型战略，而是处于企业总体发展战略的核心位置。企业技术发展战略与总体发展战略之间既相互独立又相互依赖，呈现出一种动态的相互融合关系。

总之，企业技术发展战略在企业的生存与发展中起着举足轻重的作用。通过技术发展战略的实施，企业不仅可以提高现有核心技术在实际竞争中的优势，还可以为企业实现总体发展战略、建立长期竞争优势打下基础，最终使企业实现可持续发展成为可能。

4.2　企业技术发展战略类型

4.2.1　自我选择发展战略

从该角度进行分类，包括追随型技术发展战略和领先型技术发展战略。企业由于资源的限制，就要根据自己的条件决定哪些领域靠自己来研究，哪些领域靠购买外部技术。这对采用领先战略的企业来说是如此，而对采用追随战略的企业而言则更要重视技术来源的选择问题，更多地依靠外部技术。仿制战略则主要依靠外部技术，辅之以适当的技术开发。对技术来源的选择是技术开发战略管理中至关重要的一项工作，它将在很大程度上影响技术开发投资的效益，受到国外各企业的高度重视。例如，日本就有部分企业对外部技术有较大的依赖性，而在美国也有 50% 的企业重视引进外部技术。外国企业一般都采用领先或追随战略，以避免技术上遭淘汰的巨大风险。即使在企业实力很强的技术领域也不应排斥外部的技术来源，而根据各种内外因素的分析，比较各自的利弊，决定是购买外部技术还是自己开发。

而对于选择领先战略的企业来说，则依靠自己的研发实力在某项技术上攻坚克难，凭借自己原有的技术能力实现后续环节的创新。这类企业会率先完成技术的商品化和开拓市场的目标，领先采用新的工艺或者将新的产品推向市场，与此同时，扩大并保持在相关行业中的技术领先优势。对于领先技术战略企业来说，并不是要独自进行所有的创新工作，而是将非主要的部分依靠委托的方式或者自行采购获得。采取此种技术战略的企业更有可能获取技术上的有效突破，并带来更多的技术创新，从而形成簇射现象、创新集群等。这为企业未来持续健康发展打下坚实的技术基础，并完成企业利润最大化的总体目标。但是与追随型技术战略进行比较，该战略的特点是成本较高、风险较高、回报也较高。领先型技术发展战略需要企业在各个方面的技术基础都很完美，它比较适合研发实力强、在相关行业的相关领域处于技术领先地位的那些企业。

4.2.2　战略联盟

战略联盟是指将相互之间没有利益纠葛的组织围绕着企业目标聚集在一起进行合作，组织相关的技术活动。企业能够从中获得相关能力和技术的积累并获得新兴技术。这要求企业在设定出发点时，把合作伙伴的共同利益放在第一位，彼此优势互补、共享资源，并且制定较为明确的合作规则、期限和目标，在合作的整个过程或某些环节中，合作伙伴共同投入、参与、分享成果，担当风险。彼此合作可以让多个组织在优势互补和共享资源的条件下，分摊创新风险和研发成本。企业可以以多种方式与个人、企业合作，也可以与高校和科研院所进行合作。在 21 世纪的今天，合作竞争已经取代了对抗竞争，在新的发展形势下，合作型技术发展已经成为未来技术发展的方向。

由于日益增加的技术复杂性及其迅速发展以及开发项目规模及所需投资的增大，使得技术开发工作越来越难以由单个企业承担，为了应对激烈的市场竞争压力，各企业只有走到一起来，建立战略联盟，进行联合投资，实现优势互补，以促进技术开发生产率的提高。建立联盟的另一个原因是标准化工作越来越重要，而标准化的本质又要求建立联盟。由于竞争企业之间不仅存在着利益上的冲突，而且也往往存在着共同的利益。因此，与其两败俱伤，不如联合起来利益分享。这种共生竞争成为开放技术市场的未来发展趋势，企业应当在自由竞争的基本原则下，为生存与发展而相互支持、相互依赖。在这样的形势下，每一个企业都需要认真考虑战略联盟的问题，通过对外合作来更有效地利用有限的技术开发资源，更有效地开发一般技术，更及时地满足市场的需求。因此，联盟的建立和管理成了当代技术开发战略管理中一项最主要的工具，它对于企业成功地开展技术开发活动具有重大意义。

4.2.3　国际化

国际化是伴随跨国公司的出现而产生的一种新活动。企业在制定技术开发战略时，需要根据总体的全球战略及各地的技术开发力量来合理安排技术开发活动在各地的开展，并加强协调管理工作，促进沟通，以取得最大的协同效果，实现公司总体目标。目前，世界各大跨国公司都已将技术开发的国际化管理问题作为其战略管理的一项重要工作来抓，随着世界经济的一体化，它还将会得到更广泛的重视。企业可以在全球范围内招聘技术人才，或者通过兼并收购的形式获取国际及国内科研院所或者企业的技术。通过这种方式将外部的技术资源吸收进来，并与企业自身的原有技术进行结合以提高企业的技术实力。其本质是通过资产重组和产权交易实现技术能力重组。由于国际化技术战略可以在短时间内使技术创新实现内部同化，增加技术供给和对有优势的技术进行优化重组，很多企业采取这种方式通过兼并收购提升技术水平和实现技术的积累。

上述三种形式和内容反映了当前进行技术开发战略管理时所从事的一些主要活动，实际上，这些活动都是相互关联的，企业应将其作为一个整体来考虑，以实现系统的优化。由于各企业自身条件及所处行业、地区的不同，对一个企业来说最优的战略管理程序、方法和内容，并不一定就适合于另外一个企业。因此，我们很难找到具有普遍意义的技术开发战略管理实践活动。最优的管理常常要依赖于公司的传统及总经理和技术主管的个人偏好，并且要充分考虑到企业的实际情况才能确定。

4.3　技术发展战略与技术融合创新模式

通过文献分析，技术发展战略在企业的技术创新活动中起着重要作用：决定技术创新方向（张平亮，2006）、管理技术创新过程（王红，2006）、提高技术能力（司军，2010）和创新绩效（Zahra，1992）。融合创新作为企业普遍采用的一种技术创新方式，技术发展战略同样对融合创新起着关键影响作用，包括决定技术融合创新演进方向、管理技术融合创新过程、指导技术融合创新的未来发展等。因此，技术发展战略与技术融合创新模式之间有着深刻的关系。下面，我们具体分析二者的关系。

4.3.1　技术发展战略决定技术融合创新模式选择

技术发展战略是把战略的思想和理论应用到企业技术创新与技术能力积累活动中，建立起关于技术竞争优势积累和企业持续发展的长远谋划，并将其付诸实践的过程（Gilbert，1994）。技术发展战略围绕企业创新工作开展，是对企业技术创新活动的有效安排和计划（宝贡敏，1997）。因此，对企业技术融合创新活动进行规划与指导，同样构成技术发展战略的重要内容。企业的融合创新活动应以战略为指引，以提升企业核心竞争力为目标，进行技术融合创新模式的选择。技术融合创新活动要以战略为最高原则与宗旨，根据战略环境、战略资源和战略目标与需要选择融合创新模式及其转换过程。

具体来讲，企业战略环境影响融合创新模式的选择。战略环境分析是企业制定技术发展战略的前提，包括外部环境中的机会、威胁分析（Porter，1998）。企业根据技术发展战略选择融合创新模式，首先要立足战略高度对外部环境进行评价与把握，据此选择融合创新模式。而根据前文分析，不同的融合模式，对环境具有不同的适应性，能应对不同的环境机会与威胁。例如，复制式融合适用于市场规模迅速扩张时，改良式融合有利于企业应对市场需求差异明显和变动性高的环境，嫁接式融合有利于企业满足潜在市场机会和把握前沿技术机会。由此，企业战略环境影响融合创新模式的选择。

融合模式的选择需要适应企业战略资源与能力的条件和水平。企业技术发展战略是建立在对内部资源状况和能力水平清晰的认识基础上的，对企业内部环境的分析与评估，是战略分析的重要内容。根据技术发展战略目标与规划内容，企业计划、安排创新资金、设备、创新人员等资源投入以实施技术发展战略（宝贡敏，1997）。企业根据战略资源配置选择融合创新模式。不同的融合创新模式对资源和能力的要求不同。难度过大的融合模式企业无力支撑，难度过小的融合模式不利于企业技术创新能力的培育，因此企业必须选择符合资源与能力支撑条件的模式。

企业技术发展战略目标决定融合创新模式的选择及转换路径。技术融合创新是实现技术发展战略目标的途径，融合创新模式选择是对实现战略目标方式的选择。因此，不同的战略目标需要与不同的融合创新模式相对应。此外，技术发展战略主要是关于企业长远发展的战略规划（Chandler，1962），当战略目标与目前企业实践状况相距较远时，企业需要分阶段实施战略任务与融合创新模式。此时，为了实现战略目标，企业应在不同阶段分配融合模式实施的侧重点，以培养实现目标所需的创新能力。因此，融合模式的选择及其转换路径需要根据战略目标确定，不同的目标融合模式具有不同的实施路径。

综上，融合创新模式的选择由技术发展战略决定，企业应根据技术发展战略相关因素状况选择融合创新模式。

4.3.2 技术融合模式适宜与否决定技术发展战略的实现水平

正确的融合创新模式选择与实施，是在充分评估企业面临的战略环境与资源条件的基础上，选择、实施与转换融合创新模式，在此过程中培养和积累创新资源和创新能力，使其不断接近并最终达到技术战略目标所要求的水平。因此，技术融合模式选择得适宜与否决定了技术发展战略的实现水平。

融合创新作为企业的一种技术创新行为，是一种有风险的成本投入（Mc-Gee 等，1995），面临很多的不确定性。融合创新模式选择过程是选择市场或技术机会，决定机会实现方式，并围绕其分配创新资源的过程。恰当的融合创新模式选择可以使企业合理地分配战略资源和能力，把握市场和技术机会，并规避环境威胁，以实现利益最大化。不正确的技术融合创新模式选择既浪费了企业的资源，贻误了技术机会及市场机会，影响企业竞争力的建立，也使企业的持续发展平添了许多迂回道路。

技术融合创新模式能否有效实施将影响企业技术创新能力的积累，进而决定技术发展战略目标的实现程度。根据战略的资源观和能力观（Wernefelt，1984；Prahalad 和 Hamel，1990），企业竞争优势源于其内部所拥有的异质资源和独特能力。而企业核心技术创新能力的培养是在技术创新实践过程中不断积累并建立的。因此，技术融合创新的实施效果，决定了企业创新资源和创新能力的培养和积累水平。而技术创新能力和创新资源是技术发展战略目标实现的支撑和基础，技术创新能力水平的高低，影响技术发展战略目标的实现程度。因此，技术融合创新模式实施效果决定了技术发展战略目标的实现程度。

恰当的融合创新模式是与企业内外部环境条件相匹配的，在企业选择并实施正确的融合创新模式情形下，创新资源投入才能被充分利用，技术创新能力和创新资源才能有效积累和发展，进一步促进战略目标的实现和企业竞争优势的建立。

4.3.3　战略转换要求融合模式转换

企业关于技术的长期发展计划构成技术发展战略。企业在制订战略计划的过程中，一般会根据战略目标和实际战略形势，将战略计划划分为多个阶段、步骤（张茜，2009）。这主要是因为实现战略目标所需的资源和能力的培养不是一蹴而就的，创新能力的培养是一个循序渐进、持续积累的过程（Prahalad 和 Hamel，1990）。本书根据战略制定和实施过程的演进，并结合不同阶段企业子目标完成情况以及资源和能力状况，将其分为战略初级阶段、战略中级阶段和战略高级阶段。同时，融合创新模式的实施也只能在企业现有的资源和能力水平上进行，即技术融合模式的发展是逐步递进的。复制式融合模式由于大量复制别人的技术，对创新能力要求较低，本书将其称为低阶的融合模式，而改良式或嫁接式融合则因其开发具有一定差异化或开创性的产品，对企业的创新能力有较高的要求，可称为高阶的融合模式。融合模式的演进根据创新资源积累和创新能力水平，由低阶模式逐级向高阶过渡。

因此，企业需要根据战略阶段的演进，对融合模式实施转换，伴随的是技术创新能力的积累与升级。企业目前阶段的创新资源和能力水平决定了当前阶段的融合模式。在当前阶段融合模式实施过程中，企业有意识地培养下一阶段所需要的创新资源与能力，当积累达到一定水平时，企业融合创新模式转换到下一阶段。融合创新模式选择与企业创新能力呈现一种螺旋式上升的过程。此外，技术创新能力培养的长期性和累积性，以及企业所处环境的复杂性，决定了必须从战略高度上对企业融合创新模式的选择及转换路径进行指导。

另外，企业战略目标的确立是一个动态的过程，Mintzberg（2003）认为，为了增强战略的灵活性和可控性，需要随时间、环境的变化而不断地改善，才能保持技术发展战略的指导性。唐斌阳（2005）提出，企业发展的不同时期，也会随内外部环境的变迁而调整所采取的战略。因此，战略目标的调整与转换要求融合创新模式也随之调整。不同的战略内容，其战略实施任务和侧重点不同，所对应的融合模式、模式实施的重点与培育的创新能力也不同。

图4-1揭示了企业结合不同战略目标及不同战略阶段资源和能力水平，与融合创新模式选择与转换路线关系图。从图中可以看出，企业不同的战略目标与不同的融合创新模式匹配，并根据战略阶段演进，转换融合创新模式，完成不同的阶段子目标，培养与积累不同的创新能力。

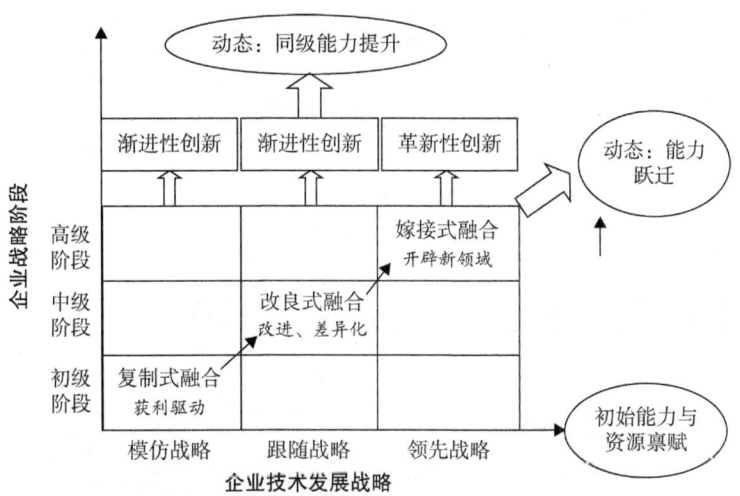

图 4-1　不同技术发展战略与战略阶段情形下融合模式选择

资料来源：李平，杨凤鲜. 企业融合创新的三种模式 [J]. 经营与管理，2013（5）：100.

总之，企业要培育核心能力及长期竞争优势，在技术发展战略的指导与控制下选择融合创新模式及其转换路径是其关键环节。企业在战略发展的不同阶段，根据子战略目标选择与外部环境及内部条件相适应的融合模式。同时，根据战略阶段的演进和战略目标的调整，调整与转换融合创新模式。

第 5 章

基于战略视角的企业融合创新管理模式

企业技术发展战略的目的不是技术本身，而是通过技术提高企业的资源—能力价值，使企业在市场竞争中持续保持优势。技术战略的效果最后要体现在企业的产品和服务中，因此它不仅是技术引进和技术开发的过程，还包括企业创新管理的过程。因此也有必要对基于技术战略视角的融合创新管理模式进行探讨。

5.1 技术创新与管理创新

徐庆瑞（2010）提出技术创新管理过程是一个越界管理的过程，并将这一管理过程分为三种界面：研发与生成界面、研发与营销界面、研发与发展界面。因为在企业内部，技术创新过程跨越多个部门和功能领域，具体包括市场调研分析、产品研究开发、初次试验试制、生产制造与装配，最后进入市场营销与售后服务部门。创新团队需要跨出自身范围，与其他部门、小组和团体加强联系和沟通，共同解决和处理研发与创新过程中的各种问题，也就是必须加强跨越界面的管理。

5.1.1 技术创新管理的内涵

陈劲（2006）整合了技术创新的过程观、能力观以及系统观的观点，提出技术创新管理就是从技术创新系统的构建出发，对技术创新的全过程进行管理，以更有效地创造和传递新价值，推动技术创新能力的发展和提高。陈劲、王方瑞（2006）分析了技术创新的全过程，建立了技术创新管理的方法体系模型，该方法体系模型将技术创新管理分为"战略篇""计划篇""操作篇"三类。其中"战略篇"包含技术预测、技术预见、情景分析，主要解决技术创新的战略制定问题；"计划篇"包含路径图、高标准定位法、实物期权和项目组合管理方法，主要解决技术创新计划的制订和项目组合的确定问题；"操作篇"包含领先用户法、模糊前端、TRIZ、质量功能展开、阶段门方法、产品数据管理和技术创新审计方法，用于对技术创新项目的运作进行管理。仲伟俊、梅姝娥（2009）根据技术创新及其管理过程，也构建了系统的技术创新管理体系，该体系包含技术创新战略制定方法、技术创新项目组合和融资渠道选择方法、技术创新实施模式选择方法、技术创新实施过程管理方法以及技术创新绩效评价方法。

在管理创新方法方面，Ray Stata（1989）指出 Analog 半导体公司业绩下滑的根本原因是未进行管理创新而非产品创新和流程创新，他认为管理创新在企业日常管理中没有受到重视，成为企业发展的瓶颈。他认为与欧美国家依赖技术创新快速发展不同，日本企业成功的秘诀是管理创新，日本是第一个依靠管理创新提升产业国际竞争力的国家，而不是传统意义上的技术创新。Pierre-Jean BenghZi（1990）以法国电信为例深入研究了管理创新问题。他将管理创新与技术创新和市场创新加以区别，强调现代企业面临着市场需求多变、企业间竞争加剧、技术变革加速等新的环境和形势，企业的发展和竞争力的提升不仅要解决技术问题，还要解决营销问题和管理问题。

国内研究管理创新较早的学者是常修泽和芮明杰等。常修泽（1994）把管理创新视为组织创新在经营层次上的辐射，把管理创新界定为对新的管理方式方法的引入，把降低交易费用视为管理创新的目标。李必强（2002）对 20世纪企业管理的几大领域（企业制度、管理组织、战略管理、生产管理、质量管理、劳动人事管理）的管理创新进行了回顾，认为管理创新包含管理思想与理论的创新、管理制度与组织的创新、管理方法与手段的创新。芮明杰（2004）认为管理创新是一种更为有效的资源整合范式，这种范式既可以是资源整合的全过程管理，也可以是目标制订等方面的细节管理。

基于以上分析可以发现，在现在的企业技术创新中，创新管理占据越来越重要的位置，创新管理过程、管理内容上升到战略层面，是企业战略管理的一部分。本书将技术管理创新界定为：在一定的技术条件下，为了使各种资源的利用更加合理、企业整个系统运行更加和谐高效、生产能力得到更充分有效的发挥而进行的发展战略、技术选择、管理体制、技术创新、运作方式、具体的管理方法与技术以及文化氛围等方面的创新。包括创新战略——市场创新——开创一种符合顾客需求的营销方式、开辟新的市场；组织创新——设计和创建匹配新的技术、新的战略、新的市场环境、新的企业战略、新的管理流程的组织结构和组织过程；体制创新——创建运用和调动各种资源、实现生产要素的合理有效组合的管理体制以及对权力的约束监督机制。

5.1.2　技术创新与管理创新的协同、递进式互动

沈小平、孙东川等（2001）系统研究了技术创新与管理创新的关系。企业发展、核心竞争力与竞争优势的形成，创新起着关键的作用。对于企业而言，重大创新或突破性创新与增量创新或渐进性创新同等重要，一般在成熟市场领域，增量创新或渐进性创新是企业获利的关键，而在新生领域，重大创新或突破性创新常有决定性作用。因而，无论是从产品创新到工艺创新、从增量创新到重大创新，还是从渐进性创新到突破性创新，技术创新所带来的绩效不仅在企业本身，而且对整个行业或工业领域产生积极影响。企业往往只注重技术创新而不重视管理创新以及技术创新与管理创新的协调发展，因而难以发挥技术创新应有的作用。

1. 技术创新与管理创新的互动

技术创新的动力一方面来源于市场需求的拉动，另一方面来自于技术发展的推动，当前技术及创新能力、管理模式、市场需求构成技术创新的技术、组织与环境的基础和支撑条件，未来的技术及创新能力、市场需求、管理模式是

技术创新的目标与动因。企业技术创新与管理创新过程模型如图 5-1 所示。

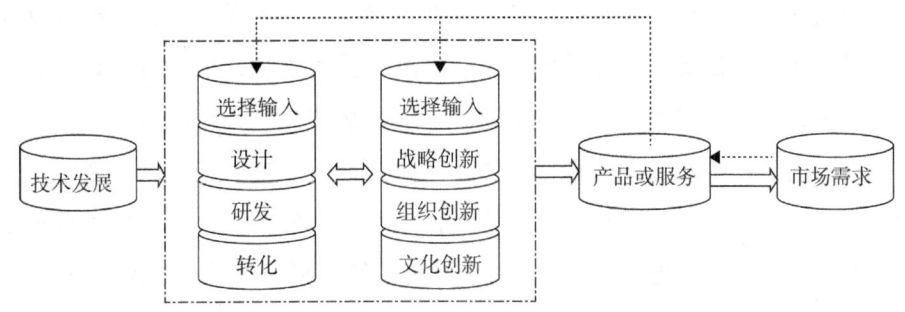

图 5-1　企业技术创新与管理创新过程模型

资料来源：沈小平，孙东川，徐咏梅，等. 技术创新与管理创新的互动模式研究［J］.
科学学与科学技术管理，2001（10）：75.

　　管理的革命总是与技术的革命相伴而生的，技术的进步势必推动管理
的进步，管理的变革必须适应技术的进步。一方面，技术的变革与创新为
管理的变革与创新创造了外部环境和内在驱动力，技术的创新与进步带来
管理思想、管理理念、管理方法、管理体制、管理流程、组织模式的变革
与创新，为深层次的组织模式变革起着促进和推动作用。技术的发展进步
反映一种新的经济发展模式与社会发展格局，带来新的体制、思想、观念
以及新的生产方式、生活方式、思维方式、行为方式，管理的变革与创新
必须与技术的变革与创新相匹配才能在信息化、全球化、激烈化的竞争市
场中取得竞争优势。另一方面，技术创新是管理变革与创新的技术基础与
必备的技术支撑条件，先进的技术为科学的管理和管理的创新提供了科学
的、先进的方法、手段。譬如，信息技术的发展，迎来了网络经济时代，
信息技术应用的创新，创造了电子商务经营模式，信息技术与生产技术应
用的融合及其创新，促进着生产方式的变革与创新，以计算机集成制造
（CIM）、敏捷制造、精益生产、顾客化大量生产等为代表的先进生产方式
反映了管理思想、管理模式的创新。

　　技术创新的演进必然会产生新的生产系统——集成生产系统，即新技术
系统+新信息平台+新设备系统+新知识系统。新技术系统包括新的工艺技术、

新的工艺流程、新的控制技术、新的控制方法与手段等。当信息技术与产品技术融合时，产品研发设计、设备及其布置设计、工艺设计、生产流程设计及实施、生产控制等，均可借助模拟、仿真等技术方法，实现虚拟设计、生产及控制过程，同时实现集成制造过程，形成集成生产系统。新的生产方式势必促进管理的变革。一方面，新的生产系统需要新的管理系统相匹配，从管理思维、组织结构、管理流程、管理技术等方面的匹配，形成集成管理系统；另一方面，为管理模式变革、集成管理系统的形成提供了支撑和内动力，从而，技术创新（系统）与管理创新（系统）的演进过程实现协同式的跨越，达到更高层次的动态整合。

落后的管理系统中不会产生先进的技术，技术的创新也会缺乏生命力。管理系统为技术系统从体制、组织、战略、领导、环境、运作方式、资源配置效率等方面提供保证。先进的管理促进技术创新，技术创新能否给企业带来预期的绩效、能否提高创新工作效率，在很大程度上取决于能否同管理创新协同、匹配，能否同组织创新、文化创新、体制创新、运行机制创新等协同、匹配。技术创新的选择，一是要考虑企业自身的管理资源，如人力资源、财力资源、信息资源、知识资源、文化资源等，技术创新的选择在资源要素达到合理高效配置的水平上；二是要考虑企业发展战略，考虑要素有当前的战略定位、长远的战略方向、战略模式选择，如全球战略要求技术创新瞄准同行业及相关领域国际先进水平，竞争战略要求技术创新满足开发市场、降低成本、产品差异化等目标要求；三是要结合企业的核心能力与核心竞争力；四是要考虑风险因素，包括技术创新成败风险、市场认同风险、投资风险等因素。这些都给管理创新提出了任务和要求。

技术创新能否提高本身的效率和使组织实现预期的绩效，在很大程度上取决于管理创新与技术创新体系和过程能否良好匹配、有效协同、实现递进式互动。近年来，国内外对技术创新管理的研究表明，企业技术创新取得成效主要取决于企业战略、组织模式、文化氛围等因素。技术创新与管理创新的匹配与互动如图5-2所示。

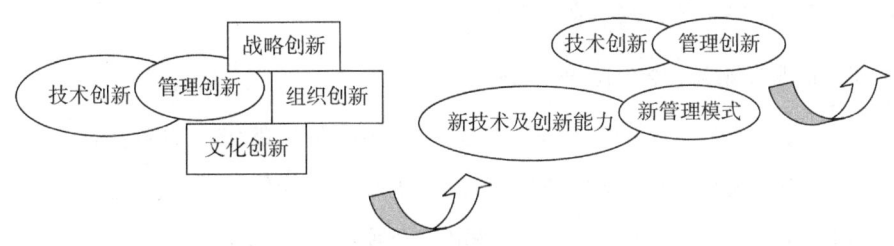

图 5-2 技术创新与管理创新的匹配与互动

资料来源：沈小平，孙东川，徐咏梅，等. 技术创新与管理创新的互动模式研究 [J].
科学学与科学技术管理，2001（10）：75.

2. 技术创新与组织创新的互动

技术创新过程是一个对陈旧模式的突破过程，也是一个对环境和市场学习与适应的过程，孕育着进步与发展的希望，也包含着极大的失败风险。组织创新主要指为了有利于技术创新的开展而对组织结构和管理机制进行调整。诸如建立新产品开发团队、企业家精神和方法的发展、引入机制、管理更新、资源分配和人员激励等内容都属于组织创新的内容。企业组织创新往往滞后于技术创新，技术创新的核心作用是将原材料转化为产品与服务，而组织创新则致力于形成一种良好的组织结构、控制系统和协调机制。组织创新能加速技术创新的进程，提高技术创新的效率与质量。组织创新为生产要素的重新组合提供了合适的条件，技术创新战略使资源配置更有利于企业的核心竞争力的形成。同时，技术创新过程需要与之相适应的组织结构、组织过程、组织方式做保证。技术创新需要管理创新构建组织保证，产品创新对团队、虚拟组织、柔性组织的选择，工艺创新与新的管理流程的选择，重大创新或突破性创新与管理过程的重组，增量创新与管理新方法的引进等，都是在技术创新的推动下，管理创新紧随其后。从这种意义上说，技术创新推动组织创新。就工业企业而言，技术创新的成功在很大程度上取决于组织管理活动与技术活动之间配合的有效性，企业内部组织之间的交流与合作往往孕育着成功的技术创新，成功的企业大多同时进行组织创新和技术创新，它们之间的一致性在企业的竞争中起着非常重要的作用。产品创新与工艺创新并行、整合，对企业提高绩效起着积极的作用。

3. 企业战略与技术创新的互动

技术是企业最基本的核心能力，是决定组织战略的中心因素。技术创新与企业战略之间是一种互动式的关系，技术及其创新能力和水平是企业战略的基础与支撑条件，当前的企业战略定位必须同企业的技术及创新能力相适应，同时，又为制定和实现企业未来的发展战略而对企业技术创新提出了需求并勾画了蓝图。因此，在当前技术及创新能力的支撑下和在当前企业战略环境下，企业通过技术创新形成未来的技术及创新能力和发展战略，从而达到更高层次的创新能力与战略的匹配关系。企业技术创新与战略互动关系模型如图5-3所示。

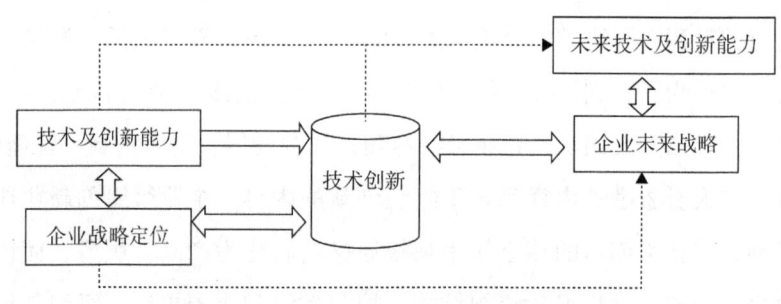

图5-3 企业技术创新与战略互动模型

资料来源：沈小平，孙东川，徐咏梅，等. 技术创新与管理创新的互动模式研究 [J]. 科学学与科学技术管理，2001（10）：77.

技术创新是当今企业发展战略的核心组成部分，技术创新本身是一种战略思想的体现，产品战略的选择对技术创新战略的选择产生直接的影响，企业的技术创新战略必须服从企业的总战略。就竞争战略来看，根据波特竞争战略理论，产业竞争战略包括总成本领先战略、产品差异化战略、集中降低成本战略和集中差异化战略，技术创新选择与竞争战略的匹配见表5-1。

表 5-1　技术创新选择与竞争战略的匹配

	总成本领先	产品差异化	集中降低成本	集中差异化
产品创新	产品价值链成本	产品质量、特色顾客化	精简结构简化外形	市场空隙
工艺创新	工艺柔性与成本	精度、质量交货期	成本最低	精度、质量交货期

资料来源：沈小平，孙东川，徐咏梅，等. 技术创新与管理创新的互动模式研究 [J]. 科学学与科学技术管理，2001（10）：77.

　　企业创新能否提高本身的效率和使组织产生预期的绩效，在很大程度上取决于管理创新与技术创新体系和过程能否良好匹配、有效协同、递进式互动。我国当前处在完成工业化使命的同时实现信息化，依靠技术创新、发展高新技术推动企业走向世界、参与全球竞争的发展时期，同时，又是处在深化改革，从体制改革到建立现代企业制度、管理流程再造、组织模式重构的管理变革的关键时期，需要通过技术创新与管理创新技术协同、互动模式来推动企业目标的有效实现。

5.2　无边界经营管理模式

　　站在企业技术发展战略的视角上，企业不仅需要在内部进行跨界面的管理，还需要在企业边界之外进行技术搜寻、技术资源获取及技术融资，甚至包括跨行业的搜寻和匹配技术资源的过程。例如在苹果公司发展早期，正是乔布斯在惠普公司内找到界面触屏技术，从而开创了智能手机的新纪元。因此，我们借鉴"无边界"这一概念来探索基于战略视角的企业技术融合创新管理过程。

　　企业边界理论始于科斯的交易成本理论，从 19 世纪 80~90 年代开始，企业边界问题从经济学领域转向管理学领域，成为管理界热门的话题。随着信息化和网络化的兴起，企业的边界逐渐突破了物质边界，而是指能力边界——取决于自身核心能力的强弱。企业的现实边界趋于模糊，开始进入模糊边界的时代。

5.2.1 企业边界理论概述

"无边界科技创新"最早是由美国通用电气公司企业家韦尔奇首次提出的。实行"无边界"科技与经营创新，就是打破企业边界，把企业中的思想与知识创新，放到全球大市场中进行资源配置、市场开发、获取人才、科技开发与品牌创新，营造更加开放的国际市场空间。无边界企业可以使人们专注于更好的技术、更好的思想，并在组织内部和全球企业之间共同分享最好的思想与实践。

科斯在 1937 年发表的论文《企业的性质》中提到，在一定规模内，企业内部交易成本低于市场交易成本，当企业内部的边际费用和市场的边际交易费用相等时，企业的边界就确定了。西蒙认为，企业的规模取决于企业组织内部决策分工和协作的效率边界，而这取决于企业作为一个整体的知识和能力积累状况，不同的企业知识和能力积累是千差万别的，因而企业的规模不可能达到同一水平。企业能力理论是 20 世纪 90 年代开始发展起来的新兴理论，该理论认为，与市场机制相比，企业组织能更有效地在组织内共享和传递个人和团队的知识。企业能力具有专有性，企业边界取决于企业拥有的知识和管理能力。

演化经济学提出了一个比降低交易成本更为基本的企业存在理由。努特鲍姆（1992）提出，不同人所拥有的知识和智力水平是不同的，即存在"认知距离"。为了实现共同的企业目标，企业需要"聚焦"：增加"认知亲和力"，减少"认知距离"，传递共同愿景。在这一过程中，企业发展出它们自己的专用符号体系：语言、标志、隐喻、神话、礼仪等。而同时，为了避免路径依赖，企业需要互补的外部智力来源，而不同人或不同组织所拥有的"认知距离"，提供了变异和新奇的来源。因此，企业的演进过程实际上是惯例和适应性调整的统一。

企业通过互动创造出有利于新奇产生和知识传递的组织间距离。生产率较高且有创见性能力的企业，不但能够高效地利用现有的社会资源，而且会通过自身的调节从外部寻找新的机会。一个重要的方面是调节企业自身的边界，并形成行动默契，进一步提高企业整合和利用资源的能力。由此，能力理论和演化理论认为，随着不确定性的增加，依据技术和市场的不稳定性，企业不应当像交易成本理论所规定的那样，整合更多的活动，而是较少的活动，因为企业可以更多地利用外部的互补知识。这一理论产生的实践预测是，企业将参与较少的收购和兼并，而多参与具有一定认知距离并有足够的持久力和强度去获得共同理解与合作的紧密联盟。这为无边界企业提供了理论支持。无边界企业的边界扩张保证了企业新奇和变异所需要的认知距离，又通过企业联盟形式实现了共同理解所需要的认知亲和力。

赵常路（2012）指出，企业作为一个有机系统，经营目标、企业组织、岗位角色、业务流程、企业文化，和由企业所有者、管理者、经营者、劳动者四者关系构成的内部环境，加上由合作伙伴、产品客户、社会民众、国家政府构成的外部环境，共同构成一个开放系统。构成企业内部环境的五个部分和四种关系相互依存和制衡，在获得良性发展并获得社会外部环境认同后，从外部获取发展的技术资源和市场资源，实现其自身发展。

5.2.2　无边界企业创新管理的特征

无边界组织也是一种有机组织。Ron Ashkenas（2012）对四种边界进行了分析界定：企业内部纵向关系和横向关系；企业与外部供应商及客户之间的关系；地点、文化和市场的边界也开始被打破。

Robert Slater（2000）对无边界组织的特征做了更细致的分析，从创新、整合程度、弹性和速度四个方面进行描绘，提出了无边界组织的 16 个特征。

（1）纵向关系的创新特征为：经常通过跨层次的头脑风暴法来发掘新主意、新思路，并现场决策来解决面临的问题，不再程序性地来回申报审批。

（2）纵向关系的整合程度特征为：关键问题由跨越多层次的团队一起解决，而且成员的努力程度不再受组织中的级别限制。

（3）纵向关系的弹性特征为：各级管理者不仅承担日常的一线管理责任，而且肩负更广泛的战略责任。

（4）纵向关系的速度特征为：多数技术决定由最接近客户的人当场做出，

虽然这些决定一般只奏效数小时。

（5）横向关系的创新特征为：经常举办由感兴趣的人自主参加的跨企业、跨部门、跨单位的问题攻关小组活动、专题研讨会、报告会，以这种横向团队的形式自发地去探索新技术、新方法、新思路和新主意。

（6）横向关系的整合程度特征为：日常工作可通过流水作业的常规部门来解决，非常规性工作从响应单位、部门抽调力量构成项目组来处理。

（7）横向关系的速度特征为：新产品或服务以更快的速度推向市场，客户价值一经发掘，就以最快的速度展示给客户。

（8）横向关系的弹性特征为：各种资源的归属已打破单位、部门之间的分割壁垒，可以根据需要快速、经常、无阻碍地在操作部门和专家之间流转。

（9）企业伙伴关系的创新特征为：能从客户和供应商那里经常性地获得大量关于新产品和新工艺的思路和建议。

（10）企业伙伴关系的整合程度特征为：客户经理和供应商在涉及企业运行和战略选择的团队中发挥主导作用，并居于核心地位。

（11）企业伙伴关系的弹性特征为：重要的管理者和战略资源可以在企业伙伴之间流动，必要时可以无偿地"借给"供应商和客户使用。

（12）企业伙伴关系的速度特征为：与客户的关系也是一种合作伙伴关系。对于客户和合作伙伴的要求甚至投诉，能预先采取措施并适时答复。

（13）空间区域关系的创新特征为：新产品可以放到其母国以外的环境里评价其适应性。

（14）空间区域关系的整合程度特征为：在企业联盟内部的各国业务之间存在标准的产品平台、统一的行动和经验的分享。

（15）空间区域关系的速度特征为：最好的经验得以在与自己企业结成联盟关系的范围内传播，甚至可以直接跨地区、跨国界地传播。

（16）空间区域关系的弹性特征为：包括企业下属区域公司领导人在内的企业领导者，定期参与不同国家、不同地区的区域业务营运会议及决策。

5.3　基于技术融合战略视角的企业无边界管理模式

通过以上分析，无边界技术创新管理实践更适合技术融合创新模式的要求，尤其是以企业发展战略为纲领的技术融合创新的要求。

5.3.1　企业无边界创新管理更强调核心能力边界扩展

无边界企业是一种在信息化时代发展起来的现代企业组织形式。随着边界的扩张，企业不再以传统的物质资源能力确定自己的边界，而是以核心能力来体现其价值和边界。企业能力边界的扩展，是通过将自身的核心能力打造成价值模块，并在市场上进行动态配置的方式来实现的。从总体上看，企业扩大自身的能力边界主要通过两种途径：一是将价值模块融入更大的网络，二是将价值模块融入更多的网络（见图 5-4）。无边界企业不断地将价值模块在不同的价值网络里进行配置，价值网络本身也就成了无数个价值模块的"独立联合体"。其中，从所有权角度来看，不同的价值网络成员对自身核心能力有着完全的所有权；从使用角度来看，这些核心能力是被放在一起进行集中使用的，强调不同核心能力的互补效应。

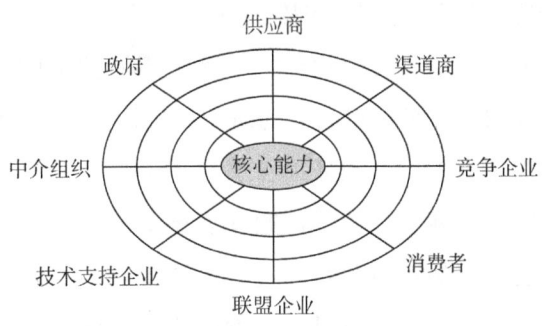

图 5-4　无边界企业与价值网络

资料来源：杨凤鲜，李平. 论企业无边界经营 [J]. 理论界，2014（02）：65.

同时，企业价值网络通过对不同企业的能力要素产出进行组合，使企业之间能够利用对方的资产发展自己，实现"杠杆"增长。也即，企业扩张并非总要拥有所需资产，如果企业价值网络内部其他交易主体拥有该项资产，企业可以调动这些资产来支持自己的增长计划，这样企业可以谋取增长带来的经济利益，同时又无须承担拥有资产所造成的经济负担。但企业撬动外界资产的是以企业自身核心能力可以给对方带来价值为前提条件的，是一种基于互补能力和资源基础上的共赢状态。

5.3.2　企业无边界创新管理更适合战略型组织

（1）创新源于企业之间的交互作用。

正如皮亚杰和维果茨基所说，智力是内在化的行为和语言能力，知识和意义都依赖于情境，即各种各样的知识分布于不同的情境中。一个人不能"置身于他的心智之外"去评价他的知识是否正确地"牢牢抓住了这个世界"，需要"社会"或"交互作用"。其他人所提供的多种直觉和理解是他纠正错误的唯一来源，也是创新和变异的唯一来源。创新来源于企业新奇和变异的获得，无边界企业的认知距离为企业的交互作用提供了充分空间，为新奇和变异的创生提供了来源。

（2）有利于技术融合进行产品创新。

无边界企业扩展了企业技术边界，实现了不同技术的融合，进而实现了产品创新。卢森伯格在早期对演变的研究中，认为在19世纪中期当相似的技术应用于不同产业时，产生了一个独立、专业化的机械工具产业，这个过程就是技术融合。麻省理工学院媒体实验室的尼古路庞特用三个圆圈来描述计算、印刷和广播三者的技术边界，认为三个圆圈的交叉处将会成为成长最快、创新最多的技术领域。技术融合的过程实质上是技术在不同产业间扩散的结果，这种创新技术的扩散又为更多新产品的出现提供了可能。例如，苹果手机将手机技术和计算机技术融合于一体，创造了既可以上网又可以用于通信的智能手机。创新扩散不仅可以在同一产业内同类企业间进行，还可以在不同类型产业和企业间扩散和创新，实现不同技术的融合创新，其中包括上、下游产业的创新、融合，以及具有一定关联性产业间的技术扩散和融合。

（3）有利于服务融合进行服务创新。

随着城市化进程的发展，越来越多的人口聚集在城市，尤其是经济较发达的大中型城市。人口的过度集中对交通和居住造成了巨大压力，人们越来越需要在自己的活动范围内可以获得各种配套服务设施，这促进了各种多功能、综合服务中心这种新的服务形式的出现。这种新的服务形式将有连带关系的业态组合在一起，为消费者提供"一揽子服务"。例如，目前多功能酒店服务单位汇集了越来越多的服务功能，为消费者提供商务、会议、旅游、度假、健身、休闲、保健等一站式服务。仅靠单一企业也许无法支撑众多的业务范围。无边界企业为这种多功能服务中心提供了强大的能力和资源整合手段。企业通过战略联盟或虚拟化经营等方式将自己的能力边界延伸到酒店、会展、医疗、建筑、商贸、制造等多种行业，适应现代城市发展的需要。

5.3.3　企业无边界创新管理更适合有机组织

杰克韦尔奇在 GE 创造了"无边界"沟通的理念，企业将各个职能部门之间的障碍全部消除，工程、生产、营销以及其他部门之间能够自由沟通，工作及工作程序和进程完全透明。无边界组织强调企业为了共同目标，组织内外的任何单位、部门和岗位角色个人、外部合作伙伴，既要有自己所专负的职责，但又不能仅仅限于对所专负的职责承担责任，而是要向所能承担的职责转化。包括协助支持其他单位、部门和岗位角色履行他们感到有困难的职责，甚至当其他单位、部门和岗位角色不能及时有效地承担责任时，直接顶上，以保证这个组织目标的实现。

由此，无边界组织可以实现刚性和柔性的结合，既能使每个人根据所服务的最终目标来灵活地调整自己职责的履行方式和履行内容，避免官僚主义，又能允许保持企业高效率运作的稳定和秩序的存在。无边界企业强调的是在保证这种稳定和秩序的前提下，突破彼此之间的种种界限，以增强企业组织的灵活性和适应性。

5.4 企业技术融合创新的无边界经营管理模式案例分析

近年来，无边界技术创新与管理理念已被众多国内外知名企业广泛运用与实践，取得了惊人成绩。美国通用公司将企业的知名品牌委托给新飞、澳柯玛等中国企业制造，使两家企业的冰箱出口年突破 50 万台。美国福特公司实施"无边界"技术管理策略，在全球 120 多个国家和地区建立产品制造基地，与全球 5 万多家经销商、制造商及零部件供应商建立起了网络系统，实现了真正的无边界产品设计与制造。

下面以广州原创动力为案例，分析其无边界经营及管理的过程。现代动漫产业逐渐摆脱劳动力密集型的模式，向智力和技术密集的发展模式靠拢。而其天然的行业特性决定了它可以在众多的技术和行业领域里实现跨越式发展，因此更具有无边界经营的特性。因此本书选此案例进行分析，以期从该企业的管理过程中总结企业技术融合创新管理经验。

原创动力公司的发展历程充分体现了企业无边界经营的特点。原创动力初创期实力薄弱，但公司领导层在创作受欢迎的动画作品的基础上，采取无边界经营战略，注重合作，注重借势，通过将企业能力触角延伸到其他领域寻找资源来不断扩展经营链条。该公司在动画片《喜羊羊与灰太狼》的基础上，将能力边界扩展到了电影、图书、服装、鞋类、游戏及游戏机、家电、文具等多种商品中，并进一步延伸到海外市场。据专家估算，其市场价值已超 10 亿元人民币（见图 5-5）。跨越动漫产业边界，通过无边界经营，在更广阔的领域寻求资源和战略合作无疑是《喜羊羊与灰太狼》成功的关键。

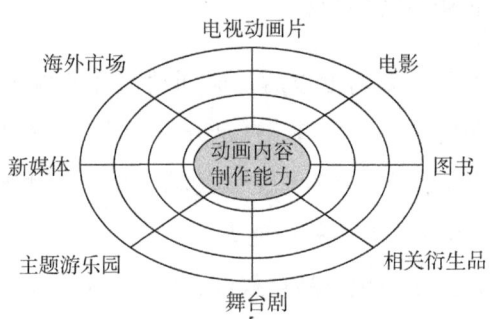

图 5-5　原创动力的价值网络

资料来源：杨凤鲜，李平. 论企业无边界经营［J］. 理论界，2014（02）：66.

5.4.1　打造核心价值

不断创作出满足小朋友爱好的动画片是原创动力的核心价值所在。处于初创期的原创动力公司致力于打造优秀的国产动画作品，到 2007 年，《喜羊羊与灰太狼》的剧本创作达到了 635 集，成片也达到了 520 集。经过几年的积累，收视率慢慢稳了下来，市场反应也呈现出升温的趋势。为了进一步扩大影响力，2008 年公司与上海文广新闻传媒集团（SMG）达成合同购片协议。于是，上海文广新闻传媒集团开始力推《喜羊羊与灰太狼》，上海地区观众通过 SMG 旗下众多频道可以每天看到这部动画片。

《喜羊羊与灰太狼》电视版受到了空前的欢迎，三年左右的时间一口气推出了约 500 集。动画片先是在 10 多家电视台播出，随后扩增到 30 多家，最后有超过 60 家的电视台播出了《喜羊羊与灰太狼》。北京、上海等城市的最高收视率一度高达 17.3%，超出了同时段播出的境外动画片。此后，这部动画片几乎横扫了国内各大动画奖项。2007 年，《喜羊羊与灰太狼》电视片集荣获中国国家广电总局颁发的"年度优秀国产动画片一等奖"，获得了官方肯定。可以说，这三年成为第一批观众形成的黄金期，也逐渐确立了"喜羊羊"这一国产动画品牌，树立了公司自己的核心竞争力。

5.4.2　核心价值的初步延伸配置

在积累了一定的品牌知名度以后，原创动力开始着手开发衍生品市场。不同于同期其他动漫公司自建渠道、自己开发衍生产品的做法，原创动力采取授权的方式借势成长，公司本身将更多的精力投注于动画创作和形象设计，以继续培养品牌和消费群，打造核心能力。

2006年，公司成立了衍生产品授权部，并将合作对象定位在一线的授权商。同时，为了加快产品授权的进度，原创动力选择了与渠道商合作。为了保持代理授权的唯一性，渠道商和原创动力授权部会进行频繁沟通（见图5-6）。而在授权合作中，原创动力更会深入参与设计环节，比如根据产品类别和消费对象，重新设计卡通形象等。

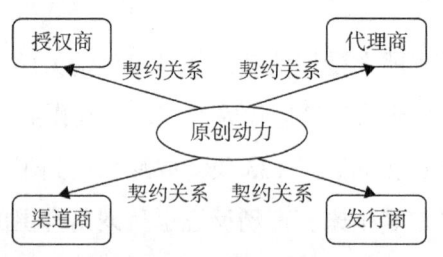

图5-6　原创动力的价值网络主体

资料来源：杨凤鲜，李平. 论企业无边界经营 [J]. 理论界，2014（02）：67.

借助这些大授权商和品牌代理商在经营国内外动画品牌方面的经验，再加上各大电视频道轮番播出的"喜羊羊"动画片，以及配合推出的一系列推广攻势，"喜羊羊"身后的产业链很快变得枝繁叶茂。衍生品的种类也从图书、玩具、服装扩展到了文具、日化（洗漱用品）、食品、QQ表情、手机屏保等。到2008年年底，《喜羊羊与灰太狼》漫画书的销量已达到400万册，销售额也突破了4000万元人民币，毛绒玩具的销售额也达到了1000多万元人民币。

5.4.3　通过无边界融合开创全新盈利模式

电影版《喜羊羊与灰太狼》的成功来自于企业合作模式、盈利模式、营销模式等整体商务模式的创新。原创动力为了弥补在电影营销上的实力缺陷，找来了两家合作伙伴：上海文广（SMG）和悠扬传媒，一家负责发行，另一家负责宣传。同时，为了配合电影宣传，扩大"喜羊羊"的影响力，制作方还创造性地运用了"推广授权"营销模式，与银行、快餐连锁等企业合作举办一系列主题活动。例如与中信银行合作，推出了一些"刷卡送喜羊羊礼物"的活动。与肯德基达成异业合作开展买套餐送喜羊羊可爱玩具活动。"喜羊羊"系列电影的发行也史无前例地交由三家发行公司进行，上海本地的东方电影发行公司负责苏浙沪地区发行，广东省电影公司负责珠三角地区发行，其余地区则交由目前国内最大的民营电影发行公司保利博纳。三家发行公司的发行"竞赛"使得各地区票房竞相攀升。

整合动漫领域优势资源，借势其他领域的资源，在操作模式上实现整体创新，是原创动力、上海文广和优扬传媒在努力和探索中得出的经验。三方资源错位互补，不存在竞争，只有合作，并且合作形式和内容也在不断改进和探索中。成功的合作模式和营销模式带来了票房的节节攀升。《牛气冲天》票房 9000 万元；《虎虎生威》最终票房 1.3 亿元；《兔年顶呱呱》最终票房突破 1.5 亿元；《开心闯龙年》票房 1.66 亿元；《喜气洋洋过蛇年》票房也过亿元。谱写了国产动画电影的奇迹，成为中国原创动画电影的一个标杆和里程碑。

5.4.4　融合新媒体技术进行产品创新

新媒体是相对于传统媒体而言的媒体及应用形式，它以计算机信息处理技术为基础。为了扩大"喜羊羊"在青年人中的影响力，以及增加小朋友及其家庭接触"喜羊羊"的渠道，原创动力决定利用以互联网和信息技术为依托的新媒体行业推广优秀的原创动画电影。

2010 年世博会期间，由广东原创动力动画公司制作、SMG 新媒体公司百视通策划并投资的 20 集动画片《喜羊羊游世博》，在暑假期间通过百视通 IPTV、手机、互联网电视等多种新媒体平台与广大少年儿童见面，点击率突破 500 万次。2010 年 9 月，《喜羊羊与灰太狼》杂志正式登陆红遍全球的苹果

iPhone 和 iPad 平台——建成《喜羊羊书城》，正式面向公众提供移动阅读服务，标志着喜羊羊系列动漫向移动阅读市场进行开拓。2010 年，《喜羊羊与灰太狼》正式在国内最大的搜索引擎百度旗下的高清视频网站爱奇艺上进行播放，提供给网友免费观看。2011 年 2 月 18 日，《喜羊羊与灰太狼之兔年顶呱呱》正式在网络上线播出，盛世骄阳公司以 2000 万元的价格独家购得该电影新媒体版权。

5.4.5 将核心价值融入更多、更大价值网络

随着电影的成功，喜羊羊的受欢迎度引起了业界的高度关注。原创动力在保持已有核心优势的同时继续延伸衍生产业链条，创新产品形式：2009 年以来，喜羊羊授权生产商从 50 多家扩展到 200 多家，产品门类达到 1000 多种；喜羊羊人偶剧、主题乐园喜羊羊嘉年华等都收获了良好的经济效果；原创动力还进入了移动增值服务领域，授权香港移动服务公司开通了手机下载动画片的服务；2011 年 5 月，原创动力与当红的游戏《跑跑卡丁车》深层次合作，推出了一款"喜羊羊与卡丁车全新游戏模式"，实现互利双赢的结果，并开创了国产原创动漫进军网游的跨界合作模式。

为了打造成国际动漫形象，让中国动漫在衍生产品市场获得应有价值，原创动力一直在探索进入中国大陆以外市场的路径。2009 年 3 月，《喜羊羊与灰太狼》与香港电视台签订合约，在香港无线电台"儿童收视黄金档"播出，同时也在台湾 MOMO 电视台以及 MTV 旗下尼克尔儿童频道播出，覆盖亚洲 13 个国家和地区。人偶剧、嘉年华也在香港、台湾成功举办。2010 年 10 月，广东原创动力与博伟国际公司签订电视播映授权合约，将最新的 100 集《喜羊羊与灰太狼之羊羊快乐的一年》动画片，通过迪士尼拥有的播放渠道，于亚太地区 52 个国家和地区，包括澳大利亚、新西兰、印度、新加坡、马来西亚、泰国、韩国等市场播映。播放语言包括英语及超过 10 种当地语言，与迪士尼的合作让"喜羊羊"获得了更加专业的推广和营销模式，大大缩短了《喜羊羊与灰太狼》进入国际市场的时间，打开了中国动漫走向国际市场的大门。除了迪士尼之外，原创动力还与泰国、菲律宾等国的主要免费电视频道

洽谈相关的播出协议。

原创动力企业的扩张历程，表明企业是一个无边界的能力型组织，企业从更广阔的范围内基于企业发展战略整合技术资源，进行技术融合创新，积累技术实力和企业能力。企业边界不再是物质边界，而是能力边界。企业通过构建自身核心能力，并将自身打造成能力模块，融入更广泛的价值网络中，实现了"杠杆增长"。随着产品生命周期缩短，技术复杂性升级，物质规模扩张，垂直一体化不再是企业追求的目标。打造核心能力，充分利用外部价值网络是企业在信息经济下获取可持续发展的可行之路。

5.5　本章小结

本章对基于技术发展战略视角进行融合创新模式选择问题进行了相关界定。首先，界定了研究涉及的相关概念，包括技术创新模式的内涵，技术融合创新模式的划分及内涵，以及三种融合模式的特点和优缺点分析，技术发展战略的含义等。其次，本章分析了影响融合创新模式的相关因素，包括技术发展战略、企业规模、技术特性、相关市场环境、政府政策等，其中，技术发展战略对融合模式具有深刻的影响。再次，分析技术发展战略与融合模式选择的关系。经过对技术发展战略制定和实施过程的分解发现，融合模式的选择和实施是技术发展战略制定和实施的重要内容，是实现企业战略目标的重要途径和方式。技术发展战略的环境因素、战略目标、战略实施阶段等因素决定了融合创新模式的选择和转换路径。最后，对技术融合创新管理模式进行了分析，提出无边界技术创新管理模式更适合基于技术发展战略视角的企业融合创新。总体而言，本章在前面大量文献分析和理论推导的基础上，基于融合创新理论和技术发展战略理论，进一步明确界定了本书的研究范畴，并深入分析了技术发展战略与融合模式选择之间的关系，为后续研究奠定了基础。

第 6 章

基于战略视角的融合创新模式选择模型构建

技术融合创新的实施要以技术发展战略为原则和宗旨，立足企业长远发展，规划技术融合创新模式选择及其转换路径，循序渐进培养技术创新能力，逐步积累核心竞争优势。本章在前两章对文献的梳理和研究以及相关概念和关系界定的基础上，分析基于技术发展战略视角的融合创新模式选择影响因素构成维度，各因素对融合创新模式选择的影响机理，并进一步提出研究假设。

6.1 服从技术发展战略的融合创新模式选择

技术发展战略决定技术融合创新模式的选择，具体到操作层面上，就是要以动态的眼光，综合分析技术发展战略相关因素对技术融合创新模式选择的影响，以在模式实施过程中推进企业内在核心竞争力的提升以及融合创新模式向更高阶转换。技术发展战略因素泛指影响技术发展战略制定、实施过程并取得成功的因素群，这些因素是制定技术发展战略的基础，而且是其成功实施的必要条件（Barney，1991）。

根据前文对技术发展战略与融合模式选择的分析可知，技术融合创新模式的选择与转换是技术发展战略的重要内容。因此，技术发展战略制定与实施过程中的很多因素影响融合创新模式的选择与转换，包括外部环境层面因素、企业内部资源与能力因素、战略目标因素、战略阶段层面因素等。

6.1.1　战略环境因素

企业技术发展战略的制定与选择是建立在对外部环境和企业内部条件进行分析来明确企业机会、威胁、优势和劣势基础上的。其中，外部战略环境分析是战略制定与选择的前提，战略环境中存在的发展机会与竞争威胁是企业选择与制定战略的重要决定因素之一（Aaker，1984）。而这些因素对融合创新模式的选择具有不同程度的影响。不同的模式用于应对不同环境变化带来的机会和威胁。

外部战略环境涵盖的范围很广，包括了影响企业技术创新与发展的全球环境、政治环境、经济环境、文化环境、社会环境等宏观环境和行业市场环境、行业技术环境等中观环境（Schumann 和 Prestwood，1994）。其中宏观环境在一定时期内具有稳定性（Bell 和 Pavitt，1997），构成所有企业的整体大环境。而融合模式选择是企业层面或决策者层面的微观问题，因此宏观环境并不构成不同企业对融合创新模式的选择差异性的主要或直接原因。产业环境是企业直接生存的外部环境（波特，1998；Lerner 和 Tirole，2002），该环境中的技术发展情况、市场竞争、市场供应需求状况等均对制定企业战略和选择创新模式（包括融合创新模式）等产生直接影响。因此，在战略环境层面，本书主要分析市场需求、行业竞争策略、行业技术发展状况等因素对融合创新模式选择的影响。

6.1.2　战略资源与能力因素

企业内部条件分析是战略分析中的另外一个重要组成部分。企业内部构成因素诸多，可归为企业资源、企业管理、战略等三方面（王明友，1999）。赵曙明（1995）归纳了与技术发展战略相关的内部因素，包括技术、财力、人力等方面的资源，研发、制造、营销等方面的能力。

其中生产制造能力和营销能力是企业普遍需要的能力。无论采用哪种融合模式，企业都需要将创意设计转化为可批量化生产的产品，并最终推向市场，获得消费者的接受和认可，这一过程都需要生产制造能力和营销能力。而其他几个因素均对融合创新模式选择产生影响。人力资源和财力资源是企业创新资源的构成要素；技术资源既是创新资源，也体现企业的技术创新能力；研发能力是企业重要的创新能力构成要素，目前相关研究中，研发能力多从创新投入或创新产出两个方面加以衡量（Modesto，2004；张震宇和陈劲，2009），而这两方面因素已包括在创新资源投入和技术资源或技术积累水平中。因此，本书选择创新资源投入水平和技术积累水平两个因素，分析其对融合创新模式选择的影响。

此外，随着创新网络和开放创新的兴起，外部资源在企业创新中所占的份额和重要性越来越高（Zahra 和 George，2002），因此学习能力和吸收能力也成为企业重要的创新能力构成要素。吸收/学习能力体现企业对外部创新资源的感知、获取和利用能力，是企业动态能力的构成维度（Cohen 和 Levinthal，1990）。在融合创新中，企业的技术来源更广泛，涉及的资源或技术种类更多，因此有必要把吸收/学习能力视为企业一种重要的创新能力，将其纳入本书的分析框架。基于此，本书将创新资源投入水平、技术积累水平、学习/吸收能力三个因素，作为技术发展战略的企业内部条件因素，分析其对融合创新模式选择的影响。

6.1.3 战略目标因素

战略目标是企业在环境分析的基础上，所制定的对企业战略经营活动预期达到的期望值（宝贡敏，1997）。根据企业对经营目的和社会使命的界定，企业战略目标各有不同。技术发展战略目标包括企业在市场中竞争地位的选择和确定，如 Freeman（1988）将技术发展战略分为进取型战略、保守型战略、仿制型战略、依赖型战略、传统型战略和机会主义型战略六种类型；Anosff（1970）将企业技术发展战略分为三种类型：领先型技术战略、跟随型技术战略和模仿型技术战略；此外，还可以分为防御战略、进取战略、紧跟战略、冒险战略或创业战略（陈晓玲，2001）等。企业根据不同的战略市场定位选择相应的融合创新模式及其实施任务，并培养与战略目标相匹配的创新能力。因此，企业不同的战略市场定位影响融合创新模式的选择。

黄伟忠（1998）认为基于功能定位和企业使命，企业战略目标可分为四类，即市场目标、盈利目标、社会目标和创新目标❶。王凤荣（2004）将企业的战略目标分为由能力目标和业绩目标组成的战略目标体系，其中业绩目标是为了满足企业生存，能力目标旨在满足其发展（见表 6-1），业绩指标主要是定量指标，能力指标包括定性和定量两类指标，第二类目标用以满足各社会群体的要求，这些群体均与企业有利益关系。其中有些目标是对创新项目收益性的衡量，如业绩目标；有些衡量企业的长期发展能力，如部分能力目标和社会贡献目标。"企业的创新项目和创新活动在这些指标上的表现并不总是一致的，有时会相互冲突，甚至不能兼顾（Arthur，1992）"❷。此时，企业的目标选择倾向决定了企业选择什么类型的创新项目，进而决定了企业选择的实施创新项目的融合创新模式，如有的企业重视企业的规模扩张，会选择营利性好的项目，而有的企业重视深层核心优势的积累，因此会选择能带来长远利益的项目，即使这些项目在近期无法取得理想收益。因此，企业不同战略目标侧重也会影响融合创新模式的选择。因此，本书将战略目标定位和战略目标侧重两个因素作为战略目标维度影响融合创新模式选择的因素。

表 6-1　战略目标指标体系

	类别	指标
业绩 目标	收益性 增长性 发展性	资金周转率，销售利润率，资本利润率 利润增长率，市场占有率，销售增长率 盈亏平衡点，附加值增长率，自有资金比率
能力 目标	研发能力 制造能力 销售能力 管理能力	专利数量，创新能力，新产品比率 成本降低率，合同执行率，质量水平，生产能力 服务水平，市场开发能力，推销能力，品牌商标 企业文化，组织能力，战略决策能力

资料来源：王凤荣. 企业价值二元化背景下的企业目标［J］. 山东师范大学学报（人文社会科学版），2004（01）：128-130.

---

❶　黄伟忠. 劲力公司客车空调竞争战略研究［D］. 兰州：兰州大学，2010：45.

❷　Arthur J B. The link between business strategy and industrial relations systems in American steel minimills［J］. Industrial and Labor Relations Review，1992：488-506.

6.1.4 战略阶段因素

根据上一章的分析，战略阶段转换过程影响融合创新模式的转换过程，因此本书将技术发展战略的实施阶段也纳入分析框架，并分析其对融合创新模式转换的影响机理。多数企业在制定技术发展战略规划时，根据企业战略目标及目前实力状况划分战略阶段，并通过一些定量或定性指标判断企业所处的战略阶段及转换节点（Collier 和 Paul，2005）。不同企业具有不同的目标使命及实力状况，因此对战略阶段的划分并不一致。这造成了对不同战略阶段特点描述的困难。很多学者研究了企业生命周期不同阶段中，技术创新模式的选择（Ormerod 和 Rosewell，2009；孔凡星，2012；等），因此本书借鉴企业生命周期相关理论，研究不同阶段技术融合创新模式的转换。基于此，本研究将战略阶段划分为战略初级阶段、战略中级阶段和战略高级阶段，并分析不同阶段企业选择的融合创新模式及模式转换规律。

综合以上分析，技术发展战略的制定和实施过程中包括很多因素，本书经过文献梳理和理论分析，将技术发展战略角度的因素归纳为四个维度：战略环境、战略资源与能力、战略目标和战略阶段。然后，经过对每个维度的因素进行展开分析，从中挑选出对技术融合创新模式选择及其转换有直接影响的因素，如图 6-1 所示。技术发展战略的资源与能力维度主要包括：创新资源投入水平、技术积累水平、吸收/学习能力等因素；技术发展战略的环境维度主要包括：市场需求的变动性、市场需求的差异化、行业竞争策略、行业技术发展状况等因素；技术发展战略的阶段性因素将技术发展战略阶段分为战略初级、中级和高级三个阶段；技术发展战略的目标因素包括战略目标侧重和战略市场定位目标。

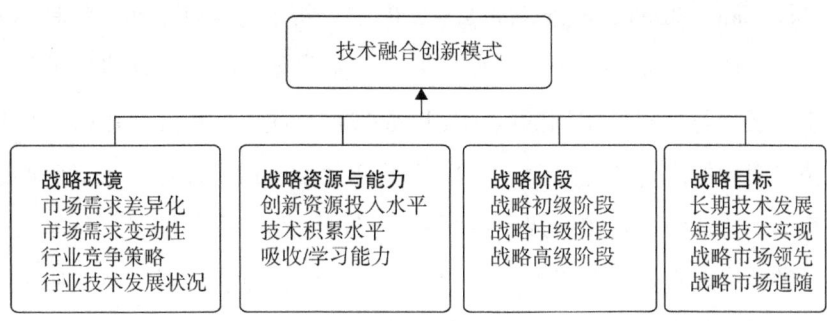

图 6-1　技术发展视角影响融合模式选择的不同维度因素

资料来源：根据相关文献整理。

6.2　技术发展战略环境

企业的技术发展战略必须将企业同其所处的环境相联系。技术发展的战略环境是企业与其他利益相关者构成的集群（李春青，2003）。根据前文分析，在战略环境因素层面，我们主要讨论技术发展战略的行业市场环境对融合创新模式选择的影响，包括市场竞争以及行业技术发展状况对融合创新模式选择的影响。

6.2.1　市场竞争机会与威胁

公司所面临的特定业务机会和具有威胁性的外部环境发展态势是影响公司技术发展战略的重要因素。Thompson 和 Strickland（1999）认为管理者必须仔细审视市场条件变化带来的机会和威胁，以迅速而敏锐地做出必要的战略调整。行业结构学派认为公司竞争范围由行业市场结构决定，而后者也决定公司竞争及技术创新活动的潜在水平。波特（1998）认为行业市场环境极大地影响着竞争规则的确立，企业只有依据行业特点来实施技术创新，业绩才会提高。同样，企业依据战略调整内容进一步对企业的创新行为进行调整，实施技术融合创新的企业，需要调整融合创新模式。波特所创造的五力模型、价值链模型和钻石模型是对行业吸引力及市场环境进行分析的有力工具。

Thompson、Strickland 和 Gamble（2006）分析了行业竞争环境的具体构成要素。他们认为行业竞争因素，如价格、产品质量、服务、性能特色等特点及其组合必须与公司所采用的技术发展战略相适应。Dosi G.（1988）分析了影响技术变化的市场环境因素："购买者需求及期望的变动、竞争对手所采取的新行动、行业的'价格—成本—利润'经济曲线、技术发展态势等因素的变动，常常会改变企业取得竞争成功的必要条件，要求公司审视其所采用的技术战略及创新模式。"❶ 因此，为了确保企业技术发展战略在市场上取得真正的成功，技术融合创新模式必须同竞争环境相匹配。

具体地讲，本章从以下三个方面对市场竞争机会与威胁进行讨论。

1. 消费者需求差异化

根据不同行业的产品特性，消费者对产品偏好的差异化程度不同。有的行业消费者偏好标准化程度较高的产品，有的行业消费者偏好具有高度差别化的产品（Thompson 等，2006）。消费者偏好标准化程度较高产品的行业一般具有网络外部性。Economides（1996）将网络外部性界定为同一市场内消费者之间的相互依赖性，如使用同一产品的消费者可以直接增加其他使用者的效用。在不具有网络外部性的行业中，消费者需求一般具有多层次性，除了物质需求的满足，还追求精神需求和情感满足（Connor，1998）；消费层次及年龄段的差异，以及环境、周边人群、文化差异、思想认知等方面的差异会导致消费者需求的差异化。

产品差异化是指同一产业内不同企业的同类产品在质量、式样、性能、销售服务、信息提供等方面存在差异，导致产品间替代关系不完全性的状况（马中东和陈莹，2010）。张静中（2007）分析了消费者偏好的显著差异化会促使企业采取产品差异化策略的原因：由于企业创新成果能否获得收益依赖于市场对产品的认可度，消费者对不同环境中的差异化产品有不同的偏好，如该偏好较高且产品销售价格小于其愿意付出的代价，则产品差异化会实现。

---

❶ Dosi G. Sources, procedures, and microeconomic effects of innovation [J]. Journal of economic literature, 1988：1120-1171.

孙武军（2008）通过博弈模型分析了厂商在网络外部性及产品差异化影响下的技术控制策略，研究结果表明：当行业网络外部性较弱或产品差异化程度较大时，技术厂商将开放技术标准，引入竞争厂商，以扩大用户规模，获取更高利润；当网络外部性较强，或产品差异化程度较小时，专有技术厂商将独享技术，阻止其他厂商进入。因此，消费者需求的差异化程度会影响技术扩散和流通速度。

Thompson 等人（2006）提出，如果销售商能够通过引入新的特色、改变产品款式和风格、提供选择余地和附属物、利用广告和包装创造形象差异等手段吸引更多的顾客和培养更加忠诚的顾客群体，这就意味着人们的偏好已经转向了差异化产品。当出现购买偏好从标准化产品转向差异化产品的现象时，变革的驱动力就成了许多竞争对手为了在差异化方面超过对手而展开的角逐。因此，消费需求的差异化程度影响企业的技术策略及创新策略的选择。对于消费者偏好差异化产品或服务的市场，企业有更强烈的动机努力开发标新立异的产品，或者对现有产品进行改进，以尽力满足各种顾客需求。由此，改良式融合或嫁接式融合对企业开发出差异化产品提供了便捷的途径。同时，在差异化的竞争环境下，企业也更愿意开放技术标准，从而为进行技术融合提供了技术基础与资源。

因此，消费者需求差异化程度高的市场环境，为采用改良式或嫁接式融合模式的企业提供了市场机会。采用复制式融合创新的企业，则适合于消费者需求变动性较小、较稳定的市场环境。此时，复制式融合企业可以从外部引入成熟的技术模块或架构技术，并通过对产品/技术系统进行较小程度的局部创新，以更快的速度、更高的效率融合已获得消费者认可的成熟技术产品。

根据以上分析，得出如下假设：

H1：行业竞争环境影响融合创新模式的选择。

H1a：消费者对产品的差异化和个性化要求越高，企业越倾向于选择较高阶的融合模式。

2. 市场需求的变动性

市场需求的变动性是指由消费者偏好变化、产品更新换代速度和行业技术变化快慢等因素引起的市场需求的不确定性（Mendelson，2000）。市场需求的动态性是表征市场环境的一个重要指标。市场需求的动态性通常是由消费者偏好和行业技术变动性引起的。技术动态性主要指本行业技术进步的变化速度和产品更新换代的速度（Jaworski 和 Kohli，1993；Glazer 和 Weiss，1993；Weiss 和 Heide，1993）；消费者偏好的动态性主要指由顾客偏好以及由此引起的顾客构成的变化速度（Jaworshi 和 Kohli，1993）。

在管理学领域，市场需求的动态性经常被视为影响创新行为和创新绩效表现的重要变量。Dess 和 Beard（1984）指出市场需求的动态性源于三方面的原因，包括宏观环境的快速变化、构成环境的参与者的快速变化以及企业对上述两方面的变化进行预测的困难。因此，动态的市场需求表现为难以预测、市场容量起伏不定或不断扩大，其核心是变化。这种动态的市场需求造成了事件原因与结果之间关系的模糊性，使得企业无法继续依赖经验做出相关决策（Child，1972），需要不断调整企业创新行为。有学者进一步指出，缺乏足够的信息是无法准备把握市场需求的主要原因，进而影响企业采用什么样的技术竞争战略（Miller，1988），以及利用什么方式来配置资源创造价值（Sirmon，2007）。

市场需求是企业技术创新的动力因素之一（Stephen C-Y. Lu，2009）。市场需求获得满足的周期长短或者市场需求的变化速度影响产品的更新换代。反之，如果产品的市场需求没有得到满足，那么企业就会选择进行技术改良，提升现有产品的设计水平，以适应市场的需求，企业的创新活动仍会在现有技术水平上继续推进（见图 6-2）。

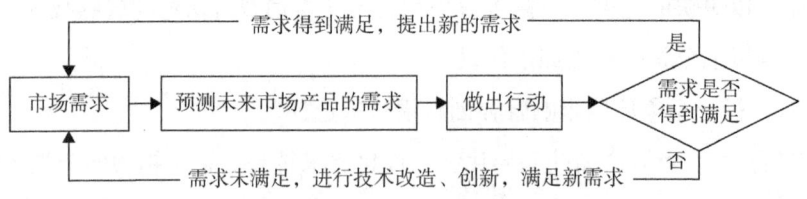

图 6-2　市场需求与企业技术创新

资料来源：根据相关文献整理。

马文聪和朱桂龙（2011）分析了市场需求变动性对创新频率的影响。市场需求变动频繁时，技术创新速度、消费者个人偏好及市场竞争状况也随之变化，此时，现有产品及工艺极易遭到淘汰，使得企业必须进行持续创新，否则将失去其竞争优势，甚至威胁其生存。Santoro 和 McGill（2005）通过实证分析表明当市场需求表现为高度不确定时，企业更愿意保持灵活性，更频繁地与外部创新网络交流，在技术创新活动中表现得更为积极，以获得创新价值。

因此，市场需求动态性为采取技术融合创新的企业带来了机会与威胁。当市场需求动态性高时，消费者偏好和产品更新换代的速度很快，市场竞争不断加剧。这一动态环境对企业的产品创新能力和创新速度提出了更高的要求。采用复制式融合模式的企业，主要利用已经获得市场检验的成熟技术进行生产。而在市场需求快速变动的情形下，技术更新的速度非常快，使得采用复制式融合的企业很难跟上市场变化的速度，在市场竞争中处于被动或弱势地位。实施改良式和嫁接式融合创新的企业，可以利用融合创新的优势，通过融合内外部不同技术资源，快速创造出符合市场需求的产品并推向市场。因此采取改良式或嫁接式融合的企业，更容易在市场需求高度变动的环境中抓住市场机会，获得竞争优势。

根据以上分析，得出如下假设：

H1b：消费需求的变动性越大，企业越倾向于选择较高阶的融合模式。

3. 市场竞争焦点

市场竞争是市场经济中同类经济行为主体为提高经济利润、增强经济实力，而做出的排斥同类经济行为主体的相同或相似的表现（肖广岭和柳卸林，2001）。市场竞争是企业进行技术创新的压力，同时也是企业进行创新决策的强大动力（陈巧玲，2007）。市场竞争的方式有很多种，通常所说的市场竞争包括：价格竞争、产品质量竞争、产品种类竞争、广告营销竞争等，总体上可以分为价格竞争和非价格竞争（Stuart Crainer，2002）。企业采取的竞争策略受同类竞争者所采取的竞争策略的影响。

Stuart Crainer（2002）分析了价格竞争和非价格竞争的作用：低价竞争固

然可以增强产品对消费者的吸引力，然而，产品不断降低的销售价格不仅加重了消费者的期待心理，而且也使企业越发期望以低价赢得市场，这将使二者进入恶性循环。由于消费者逐渐从对消费数量和价格的追求转到对消费质量和体验的追求，非价格竞争开始成为企业的基本营销策略之一。

菲利普·科特勒（2001）认为非价格竞争策略是企业追求垄断性要素的一种方式。马中东、陈莹（2010）分析了企业所处的市场竞争结构因素对企业竞争策略产生的影响。完全竞争市场中生产几乎同质的产品，如生产初级产品的企业，因其产品的技术含量和产品内在附加值比较少，使整个市场以价格竞争为主。而在少数垄断或垄断竞争市场上，企业通过对高技术含量或具有特殊价值生产要素的垄断，使其在非价格竞争方面有很大的空间。

波特提出了非价格竞争的意义，即当某公司能够提供独特且不可替代性的产品时，能够将自己与同行竞争者区别开来。雍小龙（2011）通过对企业促销方式的分析提出，当市场竞争日趋激烈，行业垂直分工，信息的公开性使越来越多的产品出现同质化的价格竞争时，非价格竞争已成为企业生存与发展的必备条件。

如果企业所在的产业市场以价格竞争为主，企业必须采取措施降低产品价格。采用价格竞争策略的企业，注重降低生产成本，通过对产品/技术系统局部进行较小程度的创新来提高生产效率。如果市场竞争以非价格竞争为主，企业为了维持竞争优势，就要采用先进的科学技术，挖掘市场潜力，不断进行创新，推出功能先进、结构优良的新产品，来满足市场需求。因此，行业竞争偏向价格竞争，企业倾向于采用复制式融合模式；处于更偏向非价格竞争环境的企业有更大的竞争压力和动力采用改良式或嫁接式融合。

根据以上分析，得出如下假设：

H1c：行业竞争者对非价格竞争的偏好程度越高，企业越倾向于采用高阶融合模式。

6.2.2　行业技术发展状况

行业技术发展状况是对企业所在行业及相关行业技术整体状况与水平的

描述。Sottong（2001）从系统观点出发，认为技术是一个由诸要素构成的，有内在联系的系统。该系统是主体的知识、技能、经验和作为客体的工具、机器在社会生产中的动态整合过程。Schankerman 和 Pakes（1987）提出技术环境是与整个技术系统发生关系而又不属于该系统的各种技术和非技术要素。任何技术都有其生存环境，缺乏相应的技术条件，该技术的作用就无法正常发挥。由此，在技术创新过程中，技术环境的作用往往是决定性的。技术融合是整合多种不相同的技术进而生产产品或获取技术的过程，其所处的行业以及相关行业组成技术融合的技术环境。该技术环境既为技术融合提供融合的技术基础和资源，也构成融合创新成果发挥作用的支撑技术条件。

衡量行业技术发展状况的指标有很多，包括企业所在行业的研发支出状况、新产品开发状况、实验室技术商业化的最新发展趋势、行业技术成熟度、技术开发力量集中的焦点等，这些指标都可以作为关键战略要素进行分析（姜黎辉、张朋柱、龚毅，2006）。技术成熟度是描述行业技术发展状况的一个非常重要的指标。技术成熟度既可以用来评估技术是否达到应用及实践的标准，也可以用来判断某一类产品技术在产品进化过程中所处的阶段（安茂春，2012）。20 世纪 70 年代，国外学者在发展技术完备等级体系的基础上，将技术成熟度进行级别划分并进行评价。Grin（2000）提出评价技术的成熟程度需要考虑四个因素：技术发展的阶段性，技术成果的完整性，技术验证的充分性，技术成果的可实现性。

马苏常和刘学斌（2007）提出通过对技术成熟度进行分析，判断产品关键技术是否达标，有助于对产品设计及制造进行规范，以降低创新中的风险，提高创新成果的可能性。另外，技术成熟度研究也可作为参考依据，有助于企业制定其自身的技术发展战略，比较当前技术成熟度与理论要求的技术成熟度，从而确定提升空间及制订其计划。Frauens（2000）将技术成熟度预测用于技术进化 S 曲线的四个不同阶段：婴儿期及成长期的产品应对其结构和参数进行优化，使其尽快成熟；成熟期与衰退期的产品，企业在赚取利润的同时，应开发新的技术来替代已有技术，以推出新一代产品，保持竞争优势（见图 6-3）。

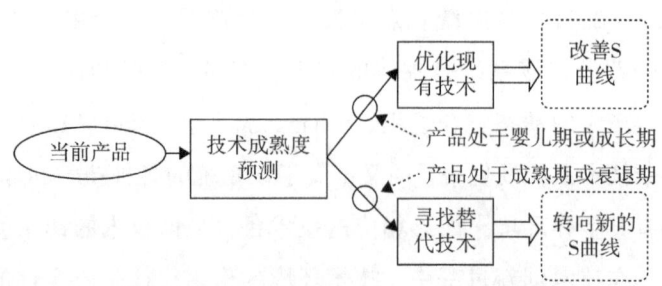

图6-3 行业技术成熟度与技术创新机会

可见，行业技术成熟度分析可以帮助企业寻找自身差距，预测技术未来发展方向，是企业制定技术发展战略和选择技术融合模式的重要指标。技术成熟度高的行业，达到技术应用标准的技术种类就多，这为技术融合提供了丰富的技术来源，有利于企业进行改良式融合，通过不同技术单元的融合、重组增加产品种类、提升产品性能或创造新的产品。此外，对行业技术成熟度的监测，也有利于企业发现可能的技术发展空间，这为企业通过嫁接式融合创新开创全新的技术或产品体系提供了可能的技术机会。最后，行业技术发展成熟，为融合创新提供了良好的技术环境，促进技术创新成果的成功应用、扩散和进一步发展。反之，技术成熟度低的行业，增加了企业引进并利用这些技术的风险，还有可能需要企业投入资源进行再研发，增加了研发成本。这时，企业有可能会延后利用新技术的时机，继续使用已有技术，进行复制式融合创新。

根据以上分析，得出如下假设：

H1d：行业技术发展越成熟，越有利于企业进行高阶的融合创新。

6.3 技术发展战略资源与能力

R. P. Rumelt（1974）提出超利润并非来源于产业关系，而在于企业本身具有的特殊性，并将战略的研究视角由外部环境转换到了企业内部条件。资源基础理论（Resource Based View）和能力基础理论是分析企业战略资源和能力对技术融合创新模式选择影响的基础理论。

Wernerfelt（1984）提出"企业的资源基础论"，"企业是资源的综合体，当企业异质性来源于资源禀赋的差异性时，企业竞争优势具有可持续性"[1]。Bell 和 Pavitt（1993）认为技术能力是推动和管理技术变革的资源，主要包括引进技术、研发投入、内部学习培训、公司激励、鼓励知识积累和技术创新的制度等。Barney（1991）认为企业资源是企业掌握的可以提高其战略效果的物质资产、能力、组织流程、信息及知识等项目，同时他还强调企业资源包括组织资本及人力资本在内的所有正式及非正式资源（见图 6-4）。Rivard（2006）认为除了异质性外，企业的核心优势资源应该具备流动性低的特征，以使竞争对手不得不支付较高的获取成本而产生壁垒。

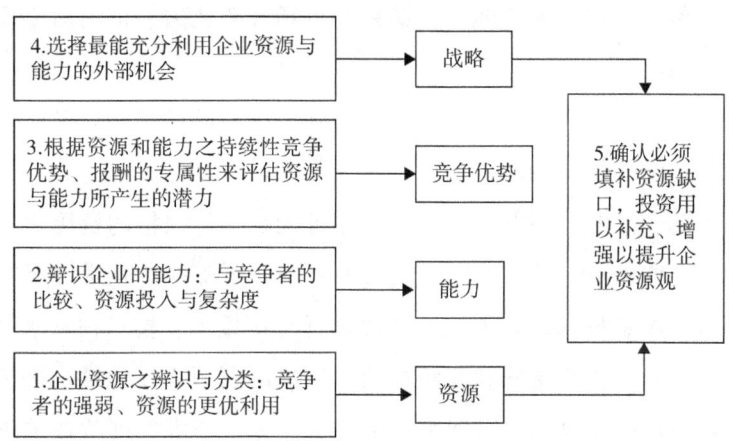

图 6-4　企业资源/能力水平与战略选择

资料来源：在 Wernerfelt（1984）、Barney J.（1991）、R. P. Rumelt（1974）等人的研究基础上做的整理。

一些学者将企业的竞争优势从资源角度延伸到能力角度。Hitt 和 Ireland（1984）认为能力是公司分配资源的效率，企业资源被有目的地整合在一起，以达到一种预想的最终状态。企业技术创新能力是发现、利用技术机会并实现技术创新的关键能力。多西（1992）认为企业创新能力是构成其核心竞争

---

[1]　Wernerfelt B. A resource-based view of the firm［J］. Strategic management journal，1984，5（2）：171-180.

能力的基础，Leonard Barton（1992）则认为技术创新能力是企业可以产生竞争优势的知识体系，这一体系包括技术、知识库、管理系统以及规范和价值系统。Prahalad 和 Hamel（1990）认为创新能力是企业长期积累起来的企业专有知识和专长。Burgelaman（1996）认为企业创新能力是支持企业技术创新战略的一系列综合特征，包括对行业发展的理解能力、可利用的资源以及分配、对技术发展的理解能力、战略管理能力、组织文化和结构条件等。

刘立（2003）将有形资源归纳为物质资源和金融资源，无形资源则包括人力资源及商业资源等。许庆瑞和魏江（2001）认为技术创新能力主要体现于其在决策、研发、生产、营销及组织五个环节的创新能力。傅家骥和程源（1998）认为技术创新能力是技术能力的一部分。远德玉等人（1994）认为技术创新能力包括"规模生产能力、销售和市场开拓能力、市场信息反馈以及产品更新能力等"❶。

企业实施技术融合创新的基础条件为其所拥有的资源和具备的能力，而二者也能够决定其所选择的融合创新模式类型。企业创新能力的构成，主流研究汇聚于两个方面：一方面是资源基础理论认为，独特的资源决定了企业竞争优势，这些资源包括有形的和无形的。企业可支配的技术资源在很大程度上将影响和决定技术创新能力。资源包括直接投入、技术积累水平等。另一方面是企业对资源的支配和组织能力，这里的资源不仅包括内部资源，还包括对外部资源的吸收和学习能力。本节具体分析技术发展战略的创新资源投入水平、技术积累水平、吸收/学习能力三个方面对技术融合创新模式的影响机理。

6.3.1　创新资源投入水平

创新资源是企业创新活动的基本投入，是完成整个创新过程不可或缺的参与要素。企业独特的资源与对这些资源的配置方式是企业竞争优势的来源，是企业的重要战略因素（Wernerfelt，1984）。企业进行技术创新的重要先决条

---

❶　远德玉，董中保，常向东. 国有大中型企业技术创新的潜力开发与能力发展 [J]. 中国科技论坛，1994，4（2）：24-30.

件是拥有创新性资源，而该资源对技术发展方面的战略制定也必不可少。Burgelman 和 Maidique（2004）提出创新资源投入是实施技术发展战略和提升企业创新能力水平的重要源泉。大量的理论和实证研究表明，开发新产品、工艺及提高创新能力均需要源源不断地投入创新资源。同样，创新资源投入是企业实施技术融合创新的根本保障，创新资源投入水平影响融合创新模式的选择。

创新资源一般指企业技术创新活动所必需的人、财、物、技术和信息（张震宇和陈劲，2009）。其中人、财、物是有形的物质资源，技术和信息是一种无形资产。资金投入是指研究开发、新产品生产和营销等创新过程各阶段所需资金的筹集能力和运作能力。人员投入是指技术创新过程中各阶段所需的技术、设计、工艺和售后服务人员。物力资源是指企业创新所需的场地、仪器设备、设施和材料等。充分准确的信息是企业技术创新活动的重要保证。企业依据技术发展战略和所占有的资源总量合理配置创新资源投入水平（Collis 和 Montgomery，2005）。国际上一般认为："研发投入占销售额 1% 的企业难以生存，占销售额 2% 的企业可勉强维持，占销售额 5% 的企业才有竞争力。而我国企业的研发投入水平是比较低的，53% 的企业研发投入只占当年销售额的 1% 不到，34% 的企业为 1% ~ 3%，只有 13% 的企业在 3% 以上（傅素英，2010）。"❶

创新资源投入水平的高低直接影响企业技术融合创新模式的选择。不同的融合创新模式具有不同的风险和收益，对资源投入的要求也不同。对创新资源充足并且依据技术发展战略制定较高创新资源投入比例的企业，可以考虑改良式融合和嫁接式融合模式进行技术创新，创新资源投入比例不高的企业可以考虑改良式融合，而创新资源投入水平较低或实力薄弱的企业只能采取复制式融合创新引进成熟产品技术并对被融合的局部技术单元进行较小程度的创新。

此外，内部资源投入水平的高低还影响企业对外部不同资源的感知和获

---

❶　傅素英. 我国高新技术产品出口特征及竞争力影响因素分析 [J]. 宁波大学学报（人文科学版），2010（04）：92-96.

取能力，进而影响技术融合创新模式。Cohen 和 Levinthal（1990）的研究证实，企业对外部创新资源的吸收能力与其研发投入密切相关，企业平均 R&D 投入越多，企业对知识的吸收程度越高，组织学习效果也越好。Rosenberg（1994）认为，企业尤其是一些大企业会将一定比例的创新资源投入基础研究（大约为10%），其主要目的在于提高企业的知识吸收水平，以使企业能够快速吸收外部先进的知识和技术，得到重要的创新型技术成果。企业在创新方面的资金投入或者拥有的优秀科研人才等创新资源越充足，企业所吸引的外部创新资源的价值也越高，有利于企业吸收先进技术、引进高水平人才等，进而有利于企业进行高水平的技术融合创新。反之，企业只能引进比较落后的或大部分经济价值已被开发的创新资源，进行较低水平的技术融合创新。

综上，本研究得出以下假设：

H2：企业技术资源和能力水平越高，越有利于企业进行高阶的融合创新。

H2a：企业创新资源投入规模越大，越有利于企业进行更高阶的融合模式。

6.3.2 技术积累水平

技术创新需要有技术知识的积累，而知识积累有路径依赖性（Dosi、Freeman、Nelson 等人）。技术创新的路径依赖可以从两个方面解释，首先是技术创新是建立在前期科学知识基础上的，然后沿着特定的技术轨迹发展，即技术融合创新是在一定的科学和技术基础之上的。张妍和李兆友（2008）认为，这种技术基础包括新的科学和技术知识，在形式上表现为科学知识的进步、典型的技术进步和企业的研发反馈。Wegne（1986）将企业历时积累的技术和知识在某一特定时刻的知识存量称为组织记忆。Walsh 和 Ungson（1991）认为知识获取未必可以形成企业真正的知识基础，需要消化、吸收、应用或整合才能形成特定的企业知识，而这些活动更多地依赖于个体间的交互活动才能实现。

技术作为创新的重要资源，一般被放在优先位置上考虑企业竞争优势的来源，成为具有战略重要性的资源（Grant，1996；Teece，1997）。Cohen 和

Levinthal（1990）认为企业以前积累的技术和知识水平提供企业吸收外部知识的能力基础，为企业提供激发创新的新知识，从而有利于提高企业创新绩效。Brockman 和 Morgan（2003）进一步提出，现有知识通过提高获取信息的效率而提高产品创新绩效。企业进行系统性知识积累，保留具有开发经验的核心人员，不仅是非连续性技术环境下新产品开发成功的关键（Iansiti，1995；Gino 和 Argote，2010），也是企业新产品或新服务成功商业化的重要决定因素（Smith、Collins 和 Clark，2005；Zahra 和 Nielsen，2002）。Thornhill（2006）通过实证研究得出结论，在特定时间截面上，企业技术存量水平越高，创新次数越多。

技术和知识积累是创新能力的基础，为技术重构和整合提供了不竭的源泉（Grant，1996）。高水平的技术积累，不仅表明企业具有高水平的创新能力，而且有利于企业吸收外部相关技术，为企业进行改良式融合或嫁接式融合创新提供了高水平研发能力和广泛的技术资源。此外，Moorman 和 Miner（1997）研究发现，高水平的技术知识存量，提高了企业对技术和市场机会的敏感性。而改良式或嫁接式融合创新的实施，有利于企业及时抓住这些机会，并付诸实践，以更快的速度推出符合市场需求的产品。因此，高水平的技术积累水平，为改良式或嫁接式融合模式的实施提供了可能的机会和条件。当技术积累水平较低时，企业创新能力和对外部技术的利用能力都较低，企业只能通过对成熟技术或产品模块的模仿或融合，进行复制式融合或较低水平的改良式融合创新。

综上，本研究得出以下假设：

H2b：企业技术积累越雄厚，越有利于进行更高阶的融合创新模式。

6.3.3　吸收/学习能力

随着创新活动的开放，企业创新资源除了从内部创生和积累，更多地开始从供应商、竞争者、客户、政府公共服务等外部关系中获取。March 和 Simon（1958）认为创新在很大程度上依赖于企业从外部获取信息与知识的能力。新知识特别是外部的新知识是企业改革和改善的刺激源，能够提供企业知识整合和知识构成的新要素（Grant，1996）。张军、张素平、徐庆瑞

（2012）认为外部技术源是创新能力发展的重要驱动因素。

企业外部技术资源对于技术创新和价值创造的影响是通过企业吸收能力和学习能力的作用来实现的（Kale 等，2000）。Cohen 和 Levinthal（1990）在《吸收能力：学习与创新的新视角》一书中首次提到吸收能力，他们将吸收能力定义为企业对外部新知识及信息进行价值评估、消化吸收并进行商业化的能力，并进一步指出组织吸收能力和创新绩效具有路径依赖的特性。学习能力有两层含义：一方面是企业对外部知识的吸收能力，另一方面是技术在内部的扩散和应用能力。Zahra 和 George（2002）在综合上述定义的基础上，对学习能力进行了系统的分析和总结，他们将学习能力定义为企业获取外部知识并对得到的外部知识进行消化、转化以及应用的能力，并且这些能力存在于企业的组织惯例中。

关于吸收能力和学习能力的研究维度，Cohen 和 Levinthal（1990）将吸收能力划分为知识评价能力、知识消化能力和知识应用能力三个维度。Van den Bosch 等人（1999）在借鉴 Cohen 和 Levinthal（1990）研究的基础上，将吸收能力划分为企业获取、评价、整合和商业化运用知识的能力，并认为知识整合能力是吸收能力中关键的一项。Zahra 和 George（2002）在此基础上增加了知识转化能力的概念，即吸收能力包括知识获取、知识消化、知识转化和知识应用四种能力。叶笛和林东清（2005）认为学习能力对组织创新行为的影响主要体现在对未来趋势的预测、对外部知识的接受程度、对新知识的追赶程度、创新的积极性和成本这几个方面。叶笛和林东清（2005）还进一步提出学习能力具有负面的自我增强循环效益，即企业的学习能力越低，对外部机会越不敏感，影响企业的创新性和在吸收能力提升方面的投资，以及企业对外部知识的学习和掌握，最终形成恶性循环。

吸收能力和学习能力对企业创新行为有重要影响，不仅在于知识积累的稀缺性，而且贯穿企业消化、改进、融合和创新的整个过程。Teece、Pisano 和 Shuen（1997）认为高水平的知识吸收能力有助于企业克服隐性知识带来的转移困难。Van den Bosch 和 Volberda（1999）、Zahra 和 Hayton（2008）一致认为企业的吸收能力可以促进知识的流动，有利于企业进行产品升级或开发新产品、新流程，并获得好的财务绩效。Szulanski（1996）则认为较强的学习能力意味着企业具有较强的外部信息价值识别能力，从而更有利于企业从外部获取相关信息。Fosfuri 和 Tribo（2007）认为学习能力影响组织间的知识转移的过程，企业的学习能力在知识经济时代是一种关键的动态能力。

具有较高学习能力和吸收能力的公司可以对外部技术进行深度转移（Zahra 和 Hayton，2008），而且企业分析、阐释、了解外部知识的水平也较高。同时，高水平的组织吸收/学习能力，使企业能够快速吸收较先进和复杂的知识和技术，将其与内部知识结合，并以新的形态展现出来（Zahra 和 George，2002），从而促进重大创新成果的产生。Lane 和 Lubatkin（1998）认为组织如果能结构化、系统性地将知识应用于组织运作中，则能持续地开发出新的产品和服务、新流程、新系统以及新知识。如果企业学习能力或吸收能力不强，则只能进行较低层次的转移或引进比较简单、相对成熟的通用技术，限制企业创新能力及创新绩效的提高。因此，吸收/学习能力强的企业可以选择改良式或嫁接式融合模式，吸收/学习能力较低的企业选择复制式融合模式。

综上，本研究得出以下假设：

H2c：企业吸收/学习能力越强，越有利于企业进行更高阶的融合创新模式。

6.4　技术发展战略目标及定位

确定技术战略愿景和业务使命，明确绩效目标并制定实现预期目标的战略，是有效进行战略领导的前提条件（Arthur，1992）。技术发展战略决定和统率企业技术融合创新的具体行为。技术发展战略目标为企业技术融合创新模式设定了不断演进的方向。公司战略愿景的确定，需要深入思考"公司要取得成功，它必须向何处发展"的问题，包括公司参与竞争的市场，如何使公司走上战略性发展轨道，并沿这一轨道发展下去（Clarkson，1995）。企业对长、短期战略目标的不同侧重，以及不同的战略市场定位，均会对融合创新模式的选择产生影响。为了实现战略目标与融合模式的有效匹配，有必要分析企业的战略目标与融合创新模式选择的关系。

6.4.1 战略目标侧重

战略目标是对企业技术战略活动预期取得的主要成果的期望值（Waddock和 Graves，1997）。Preece（1995）认为战略目标的确定，既是企业宗旨的展开和具体化，也是企业经营目的、社会使命的进一步阐明和界定，是企业在战略经营领域展开战略经营活动所要达到的水平的具体确定。黄伟忠（1998）认为企业战略目标可以划分为经济目标和社会目标。前者可进行定量研究，通过量本利、贴现和边际利润的计算，比较多个方案的优劣进而进行科学决策，在资源利用方面，强调对物的利用，其目标指向为内向；后者需定性掌控，更注重对各种人力资源的开发利用，具有人本主义倾向，着眼于企业长远发展和最大利益获得，具有持久、永恒的特点，它是外向的，主张通过服务社会，赢得社会认可，以求企业发展。

技术发展战略目标既包括致力于技术持续发展的长期战略目标，也包括短期技术实现的战略目标（Arthur，1992）。长期技术持续发展目标，其性质类似"社会目标"，其着眼点是未来和长远，是企业通过自己的长期努力奋斗对创新能力及核心竞争力的一种根本性改造。短期技术实现目标，更多地利用经济指标来表达，是创新项目短期内对经营业绩的改善程度（黄伟忠，1998），是与财务业绩挂钩的目标。取得良好的短期技术实现目标即财务绩效是必需的（王凤荣，2004），否则，公司的财务状况无法为必要的创新行动提供支持，甚至可能危及公司的生存。因此，要维系和改善公司的长期市场地位和竞争力，取得满意的财务业绩是很重要的（Arthur，2005）。

雎国余和蓝一（2004）提出，即便是一家公司对长期技术发展目标和短期技术实现目标都非常重视，也难免会出现两者之间权衡的状况。该研究认为企业在出现以下三种情况时，面临是否应该推迟投资那些有可能会增强公司未来业务和竞争地位的行动的抉择：（1）公司财务状况窘迫；（2）公司对那些从战略角度来看有利的行动所做出的资源承诺，在今后的几年之内可能会在相当程度上偏离公司的基本设想；（3）所提出的战略方案具有一定的风险，其竞争方面的回报或底线盈亏方面的回报很不确定。如果公司的管理部门不断屈服于盈利方面的直接利益，意味着要放弃那些能够提高公司业务地位的战略行动。Arthur（1992）提出如果公司不断放弃那些提高竞争地位的研发项目，会使企业竞争力遭到削弱、失去市场上的锐气，损害公司应对竞争者挑战的能力。

雷思温（2004）认为维持公司盈利能力的一条最佳途径是：公司管理者所追求的战略行动必须能够强化公司的竞争力和业务地位。复制式融合创新一般投入较少，而且其生产的都是市场认可度比较高的产品，所以进行复制式融合可以在短期内给公司带来较高的盈利。但长期实行复制式融合并不易于竞争优势的积累。改良式融合和嫁接式融合对企业创新能力和技术水平的积累具有重要意义，但由于其创新投入高、成功风险大，在短期内会损害公司财务业绩表现。如果企业更偏重于短期创新项目的业绩表现，那么当两种战略目标发生冲突，企业面临抉择时，可能会选择复制式融合。如果企业重视长期竞争优势的培养，当面临抉择时，企业可能不会牺牲或减少那些能够提高公司竞争地位的创新行动，从而偏向于选择改良式或嫁接式融合创新。

综上，本研究得出以下假设：

H3：企业技术发展战略目标影响企业技术融合创新模式的选择。

H3a：着眼于技术持续发展的长期战略目标与高阶技术融合创新模式相匹配。

H3b：着眼于短期技术实现的战略目标与低阶技术融合创新模式相匹配。

6.4.2　战略市场定位

从战略角度研究定位问题的首要代表人物是迈克尔·波特，他提出了分析产业结构和竞争对手的定位理论和方法（Porter，1996）。Anosff（1965）则根据自身的技术竞争所处的位置和在市场的定位，将技术发展战略分为领先型、跟随型和模仿型三类。本研究根据战略市场定位不同将企业分为技术领先型企业和技术追随型企业。战略市场定位不同的企业选择的技术融合创新模式不同。

1. 市场领先

领先型创新战略是企业通过开发新产品，并抢先推向市场，成为市场竞争的领先者。该战略企业基于强有力的独立研究与开发能力，或基于抢先利用新的机遇，或基于这些优势的某种组合（郑海航和付彦，2001）。采用领先型战略的公司要成为高度的研究密集型企业，企业决策者要具有创新气魄和战略眼光，其目的是达到世界第一，或接近第一，并希望以巨大的垄断利润收回所承担的巨大研发成本（Gary Hamel，1996）。

郑海航和付彦（2001）分析了采用领先型技术创新战略所具有的战略优势：一是在几乎不存在竞争的环境中，充分满足消费者追求新颖和新奇的需求，并将产品推向市场；二是使企业获取先入优势，进而树立自身品牌；三是可以通过"低成本–低价格"的竞争优势，获得较大的市场占有率；四是有利于成为制定标准和规范的企业，建立技术壁垒的同时，能够提高产品内在的附加价值。该技术战略的实施也存在较高的风险：一是需要投入很大的资源；二是承担技术开发失败的风险；三是缺少掌握熟练技术的工人，新工艺与设备的可靠性尚需提高，同时开发市场、宣传广告及向用户普及知识先期也需要较高的投入。

目标是成为技术领先者的企业，应该最终采用嫁接式融合创新模式。通过嫁接式融合创新，企业在世界范围内搜索先进技术，或自行研发突破性技术，并将其不断融入产品系统，以在技术先进性上达到技术领先；或者开创全新的产品架构，以新颖的产品或产品性能占据行业领先地位。企业发展过程中致力于独立研发能力和自主创新能力的积累和培养，并通过持续不断的技术积累将企业建成高度的研究密集型企业。此时，企业能够抢先发现新的技术机会或市场机会，并具有支撑嫁接式融合模式实施的强有力的独立研究与开发能力，可以将符合市场现实和潜在需求的产品率先推出市场。因此，选择嫁接式融合创新模式，才能完成领先型技术发展战略目标。

2. 市场跟随

采用跟随型创新战略的企业不期望成为世界第一，可以不必承担带头创新的风险和巨大的研究费用支出。企业可以从早期创新者的失误和他们开拓的市场中获得好处，或者模仿行业领先企业的核心型技术（Anosff，1965）。追随型技术创新企业学习、模仿技术领先者的经验和长处，可以减少技术研发投入，降低成本水平，减少因巨额投资带来的风险；此外，通过剖析技术领先者的得失，可以发挥其所长，避免其所短，有可能获得"后来居上"的差异化竞争优势（Nagle 和 Holden，1995）。郑海航和付彦（2001）分析了这种战略的缺陷：一是由于领先者"先入为主"的品牌形象已形成，要改变消费者的心理定势需要花费巨大的代价；二是若市场容量有限，追随者很难取得足够的市场份额以享受规模效益；三是有可能受制于专利保护制度。

与跟随型技术发展战略相匹配的技术融合创新模式是改良式或复制式融合模式。通过改良式融合创新，企业对原有产品技术系统的一部分功能模块进行改进、升级，以生产更高性能、更低成本的差异化产品。通过复制式融合创新，从外部引入产品技术系统中的大部分技术单元及架构技术，企业只对被融合的简单技术单元或模块进行程度较小的创新，以改进产品性能，提高产品生产效率或生产质量，扩大生产规模，以取得规模经济。在这一过程中，企业通过模仿消化能力、创新制造能力、营销能力的提高进一步扩大市场占有率，获取市场利润。

结合以上分析，提出以下假设：

H4：企业的战略市场定位影响技术融合创新模式选择。

H4a：技术领先型企业适合高阶技术融合创新模式。

H4b：技术追随型企业适合低阶技术融合创新模式。

6.5　技术发展战略阶段与演进

战略目标具有可分性，既可以在空间上把总目标分解为多个具体目标和具体任务，还可以在时间上把目标分解为多个阶段的具体目标和具体任务

（Cooper 和 Schendel，1976）。McWilliams 和 Siegel（2001）认为只有把战略目标分解，才能使其成为可操作的东西。技术发展战略的目标实现过程同样不是一蹴而就的，需要循序渐进积累实现战略目标所需的支撑条件和蓄积力量。按照这些支撑条件的积累过程结点，技术发展战略目标的实现过程可以划分为不同的战略发展阶段（Quinn，1988）。企业依据各战略阶段的分任务或分目标，选择各阶段的融合创新模式，并在融合创新实施过程中积累相应的资源、能力等支撑条件。不同的企业技术发展战略及战略支撑条件不同，其战略阶段划分方法也不同（Barton，1992）。企业生命周期是对企业成长过程中不同阶段特点的分析与描述。企业每个成长阶段都有不同的特征和面临不同的问题，企业要完成的阶段性技术发展战略任务也不同。因此，本研究以理论基础较成熟的企业生命周期过程作为战略阶段的划分方法，来直观分析不同阶段企业技术融合创新模式的演进过程。对企业生命周期阶段因素的分析，主要用于研究不同技术发展战略阶段技术融合创新模式演进的动态过程。

Booz（1982）在其著作《新产品创新管理》中提出产品生命周期理论，将其划分为初创期、成长期、成熟期和衰退期。Miller 和 Friesen（1982）在深入研究企业各个发展阶段特征的基础上，将企业发展过程划分为创业期、成长期、成熟期和衰退期四个阶段。借鉴这些划分方式，本书将企业发展阶段划分为萌芽期、成长期、成熟期和衰退期。衰退期既可能是一个发展时期的终结，也可能是另一个成长周期的萌芽期（爱迪斯，2004）。同时，任何企业都尽可能极力避免企业衰退期的出现（Jawahar 和 McLaughlin，2001），因此，我们主要对企业的初创期、成长期和成熟期进行分析。伴随企业的成长阶段的划分，技术发展战略发展也经历技术发展的初级阶段、中级阶段和高级阶段。不同阶段的企业的创新内容和重点不同。

企业技术发展经历不同的成长阶段，每个阶段完成相应的阶段性战略任务与目标（Collier，2005）。因此，企业根据每个阶段的特点选择不同的技术融合创新模式，同时在向下一阶段过渡时，企业的融合创新模式也要顺势过渡到下一个阶段。在选择与转换技术融合创新模式时，一方面要以已有的创新资源和技术创新能力为基础，另一方面也要考虑所选择的技术融合创新模式是否有利于企业完成在下个阶段的战略任务，促进企业更为快速、平稳地进入下一个生命周期阶段。假定企业以领先型战略为技术发展目标，则企业不同阶段的模式演进过程如下面的分析过程。

6.5.1　技术发展战略的初级阶段

初创期通常也是技术发展战略的初级阶段。企业刚刚起步，打开产品市场并在市场中站稳脚跟是企业的首要任务。企业以产品销售额为关注焦点，生产市场中已有的成熟产品，初级阶段的市场机会决定了企业以后发展的方向（Booz，1982）。企业通常是入不敷出状态，并将大部分资金用于产品生产、技术引进或工艺创新，而投入管理和市场开拓的资金则很少。

周伟（2008）认为企业在这一时期的制约方面首先是资金不足、人员匮乏、设备缺少；其次是产品的市场接受度有待检验，缺乏稳定的销售渠道，同时在生产能力、交货速度、售后服务等方面的表现极不稳定；最后，企业管理协调能力和应对外部环境变化及竞争的动态能力尚未建立起来，导致企业不断面临威胁企业生存的危机。同时，促进企业不断前进的优势也是很明显的：一是企业凝聚力强，所有员工工作热情极高，有很强的责任心和使命感，使得企业极富进取心和创新精神；二是企业组织结构简单，使得其对市场需求非常敏感，反应速度快，创新效率高。

在技术发展战略的初级阶段，企业的首要目的是解决生存问题，复制式融合创新方式是企业较为理想的创新模式。企业由于处于初级发展阶段，资金严重不足，人员、设备也非常匮乏，技术创新水平较低，为了节省成本投入，提高创新成功率，企业通常从外部引入已经获得市场认可的成熟产品生产技术，使企业有产品快速打开市场。随着初期开辟市场产品选择的成功，企业开始有稳定的利润收入，并在市场经验的摸索与学习中，了解相关产品的市场需求。同时企业开始探索扩大产品产量或提高产品质量的工艺创新或简单的产品创新。尽管这些创新还不涉及产品系统核心单元技术的变化，但企业通过复制式融合创新，不断提高生产水平，扩大产品市场份额，为向下一阶段的过渡积累资金和实力。

6.5.2 技术发展战略的中级阶段

企业发展的成长期也可看作技术发展战略的中级阶段，此时产品市场已经打开，产品种类增加，有的企业开始涉足多样化。在这一阶段，企业资金越来越充裕，有更多的资金用于技术研发、产品创新、工艺创新及产品生产，资金不再构成企业成长的瓶颈。此外，在度过萌芽期的生存困境后，员工对企业充满信心，企业仍然保持较强的进取精神和创新精神（李艳霞，2005）。同时企业组织结构的转变和管理能力在整体上逐步提升，使企业可以承担更为复杂的创新活动。企业在成长期也容易出现盲目扩张、管理混乱等问题（Jawahar 和 McLaughlin，2001）。

这一阶段的企业在生存这一基本需求得到保证后，开始谋求未来的长远发展。企业在这一阶段有较充裕的资金能力支撑企业的长期发展规划及目标。企业在内部技术有了一定积累的前提下，对外部技术发展状况的预测及评估水平也逐渐提高（Cohen 和 Levinthal，1990）。这一时期，企业融合创新模式开始向改良式融合创新过渡。企业在有能力自主研发一部分技术的同时，引入一部分处于技术发展前沿的新技术专利、技术诀窍等（Bouillon、Ferrier 和 Stuebs，2006）。通过将这些技术资源引入产品技术系统，企业可以对产品进行更大范围、更高程度的创新，比如改进部分核心元件以提升产品性能，增加新的功能模块以完善产品功能。在这些过程中包含对产品架构的改善与升级，以使其可以更快、更流畅地容纳更多、更优的技术单元与功能模块，实现整个技术系统的协调统一、优化升级。在这一过程中，企业的技术创新能力和对资源的高效配置能力进一步增强，在技术能力提升的基础上逐步确立企业的核心竞争力，并获得更长久的竞争优势。

6.5.3 技术发展战略的高级阶段

成熟期也是技术发展战略的高级阶段，此时企业处于生命周期的顶端，与萌芽期和成长期相比，在资金、人员、技术、营销、组织结构、管理等方面处于最佳状态，企业目标明确，战略清晰，组织管理协调能力强，有能力开展更大规模的创新活动（Booz，1982）。在这一时期企业规模还在扩大，但在战略计划的控制下，企业核心竞争力增强，潜在的利润增长点增多；抵御风险能力和创新能力也在不断增强；企业管理形成了规范、系统的机制，在一定程度上具有自我调节与修复的能力。如果这种成熟期优势可以持续较长时间，企业总能处理好"变"与"不变"的关系，既能与时俱进又能保持自己的鲜明特色，则企业将高稳定的状态转变为了一种常态，企业的成熟期便会延长（吕玉辉，2006）。

企业的资金、人员和技术的积累为企业进一步发展提供支持，并能够将切实可行的技术发展战略付诸行动。高速发展期企业的主要工作是通过持续的技术创新活动，强化自身的核心竞争力，巩固自身在市场中的竞争优势（杨水旸，2005）。因此发展态势好的企业自动地由改良式融合向嫁接式融合转换。企业在这一阶段对技术源的驾驭能力更强，在外部创新网络中也处于核心地位，有足够的资金和创新能力将外部技术专利、技术秘密等先进技术成果转移到企业内部（秦颖，2007）。企业可以根据市场需求将这些技术资源创造性地融合在一起，开发出具有全新技术架构的新产品。通过领导市场创新，获取垄断地位，不断巩固在市场中的地位和竞争优势。嫁接式融合还可以推动企业的持续发展，使其长久地保持创新精神，从而有效避免企业因创新精神的消退而进入衰退期。

基于以上分析可知，不同战略发展阶段企业的发展重点不同，战略任务也不同。在技术发展初级阶段企业主要是解决生存问题，在中级阶段是技术创新能力的积累期，高级阶段是企业通过自主创新稳固竞争优势的时期。企业在解决完当前战略阶段中的问题，完成当前阶段战略任务后，需要适时过渡到下一阶段，而融合创新模式也转换到较高阶的融合创新模式。一般来说，随着战略阶段的过渡，技术融合创新模式是不断往更高阶的模式演进的。

据此，提出以下假设：

H5：企业的技术发展战略阶段，对技术融合模式有影响。

H5a：企业技术发展的低级阶段，倾向采用低技术融合创新模式。

H5b：企业技术发展的阶段转换，会带动技术融合创新模式转换。

6.6 研究假设汇总与模型构建

基于技术发展战略视角的技术融合创新模式的选择与转换，是以上各战略因素综合作用下的决策结果。企业在技术发展战略规划设定的范围内，进行技术融合创新活动。即企业进入适合技术发展战略实现的目标市场，依据战略规划投入创新资源和培养技术能力，按照战略总目标及阶段性任务，选择和调整具体的技术融合创新模式。本节将以上技术发展战略各分维度因素与融合创新模式的关系整合在一起，建立本研究的概念模型。

6.6.1 研究假设汇总

根据本章相关因素理论分析，得出企业的技术发展战略的外部环境、资源和能力水平、战略目标和战略阶段影响技术融合创新模式的选择。为了清楚地展现各战略因素研究假设，将前面推导的所有工作假设进行了归纳，见表6-2。

表6-2 研究假设总结

编号	假　　设
H1	行业竞争环境影响融合创新模式的选择
H1a	消费者对产品的差异化和个性化要求越高，企业越倾向于选择较高阶的融合模式
H1b	消费需求的变动性越大，企业越倾向于选择较高阶的融合模式
H1c	行业竞争者对非价格竞争的偏好程度越高，企业越倾向于采用高阶融合模式
H1d	行业技术发展越成熟，越有利于企业进行高阶的融合创新
H2	企业技术资源和能力水平越高，越有利于企业进行高阶的融合创新
H2a	企业创新资源投入规模越大，越有利于企业进行更高阶的融合模式
H2b	企业技术积累越雄厚，越有利于企业进行更高阶的融合创新模式
H2c	企业吸收/学习能力越强，越有利于企业进行更高阶的融合创新模式
H3	企业技术发展战略目标影响企业技术融合创新模式的选择
H3a	着眼于技术持续发展的长期战略目标与高阶技术融合创新模式相匹配

编号	假　　　设
H3b	着眼于短期技术实现的战略目标与低阶技术融合创新模式相匹配
H4	企业的战略市场定位影响技术融合创新模式选择
H4a	技术领先型企业适合高阶技术融合创新模式
H4b	技术追随型企业适合低阶技术融合创新模式
H5	企业的技术发展战略阶段，对技术融合模式有影响
H5a	企业技术发展的低级阶段，倾向采用低技术融合创新模式
H5b	企业技术发展的阶段转换，会带动技术融合创新模式转换

6.6.2　模型构建

根据前述各理论概念间的逻辑关系，我们将本研究涉及的技术发展战略因素与融合创新模式整合在一起，构建概念模型，以系统展现本书的研究内容。根据以上分析，本研究把基于技术发展战略角度对企业技术融合创新模式选择产生影响的市场需求差异化、市场需求变动性、行业竞争策略、行业技术成熟度、创新资源投入水平、技术积累水平、吸收/学习能力、技术战略目标、战略阶段等战略因素作为自变量，将企业技术融合创新模式作为因变量，建立模型。

此外，企业融合创新模式的选择还与行业类别、企业所有制结构、企业规模有关系。每个行业拥有其自身的行业特征与属性，每个行业对于技术融合创新的要求、标准会有差别，影响行业间技术融合创新的程度和难度，导致不同的行业所倾向的技术融合创新模式也不同。我国政策等宏观环境因素会对不同所有制结构的企业采取不同的监管措施，这也会影响企业所选择的技术融合创新模式，因此企业所有制结构影响企业融合创新模式的选择。企业规模不仅会影响企业技术融合过程中的创新成本投入，还会影响企业整合创新资源、管理创新过程的难易程度。因此，行业类别、企业性质、企业规模这三个变量也被纳入到本研究中，作为本研究的控制变量（见图6-5）。

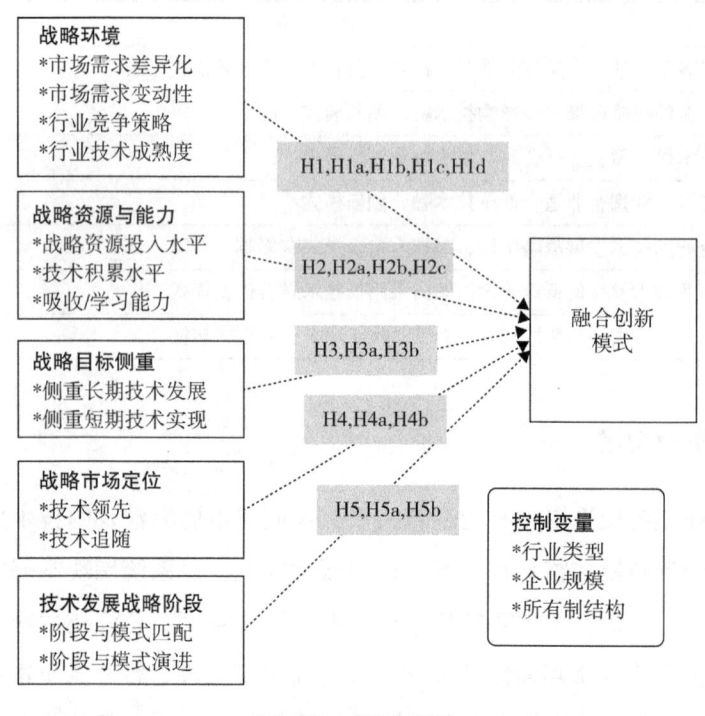

图 6-5　研究模型

基于技术发展战略的企业技术融合创新模式选择需要综合权衡以上这些因素的共同影响。按照研究命题，将本研究涉及的市场需求差异化、市场需求变动性、行业竞争策略、行业技术成熟度、创新资源投入水平、技术积累水平、吸收/学习能力、技术战略目标、战略阶段的 11 个自变量和控制变量，以及技术融合创新模式因变量整合在一起，得出研究概念模型，从而为本书的后续论证研究提供起点和框架。

6.7　本章小结

本章在前面分析的基础上，对在技术发展战略层面影响融合创新模式选择的因素进行了分析和梳理。经过本章的分析，技术发展战略层面影响融合模式选择的因素可归纳为战略环境因素、战略资源和能力水平、战略目标因素和战略阶段因素。然后，基于相关理论和文献，分析了这四个维度的构成因素对融合创新模式选择的影响机理，并经过理论推导提出了相关假设，构建了基于技术发展战略维度的融合创新模式选择模型。本章的论证工作为后续的数据验证奠定了基础。

第7章

基于战略视角的融合创新模式选择实证分析

本研究采取问卷调查法来收集数据验证研究假设。本章首先确认假设的度量变量，在第4章研究假设和概念模型的基础上，根据研究的主要命题，对研究所采用的主要变量的操作性定义及其测量方法进行说明；其次，将对问卷设计、调查实施、数据采集及分析方法进行说明。

7.1 研究变量的操作性定义与测量方法

本研究在选择量表时，将尽量借鉴和采用国内外学者已经开发的变量量表来设计本研究的量表，同时根据笔者对我国企业的访谈及我国国情对量表中的具体项目进行修改和调整。

本研究设计的变量主要有技术融合创新模式；技术发展战略环境；技术发展战略资源与能力水平；技术发展战略目标；技术发展战略阶段；控制变量（行业类型、企业规模及所有制结构）。下面将分别讨论各变量的操作性定义和测量的相关量表。

7.1.1 技术融合创新模式

关于技术融合创新模式的测量，是本研究的一个难题。在第3章中，根据企业对产品技术系统中被融合的专门技术及融合架构的创新程度差异，界定了不同的融合创新模式。三种融合创新模式都对已有产品或技术系统的匹配性和协调性进行了升级，只是改进的程度不同：复制式融合只对系统外围的技术单元进行较小程度的改进；改良式融合在已有核心技术架构的基础上局部提升或重新组合各功能模块；嫁接式融合在基础技术母体上引入全新核心技术架构及核心技术单元。因此，三种融合创新模式所融合的自主创新技术比重不同。由于不同企业或同一企业生产的产品千差万别，从技术融合创新过程测量融合创新模式比较困难。本书借鉴 Mansfied（1968）和 Freeman（1977）对技术创新的测量量表，从融合创新成果的自主创新技术与外部技术比重角度测量融合创新模式。具体测量题项见表 7-1。

表 7-1　技术融合创新模式测量

研究变量	操作性定义	具体测项	测项文献来源
技术融合创新模式	企业在创新过程中，对技术或产品系统中被融合的专门技术及整体架构的不同创新程度的确定与选择	在企业融合多项技术的产品中，自主创新部分在其中所占比重	Freeman（1977）
本题目为单项，企业从中选择最贴合本企业创新行为的一个				

7.1.2　战略环境

战略环境是企业生存和发展的直接外部环境，这些环境因素为企业带来不同的发展机会与威胁，影响技术发展战略的制定与选择，包括消费者需求差异化、消费者需求变动性、行业竞争策略、行业技术成熟度等。

1. 消费者需求差异化

马斯洛的需求层次理论同样揭示了消费者需求的层次性和差异化，消费者对商品的需求动机通常受其本身的兴趣与需要制约。Zeithami（1986）在价格、质量、价值模型中指出产品属性作为"价值信号"常被顾客用于代替对购买与否的直接衡量。Dodds 和 Monroe（1985）等学者指出产品价格、品牌名称等产品外部属性影响顾客对产品的评价。Sweeny 和 Soutar（2001）提出影响消费者购买决策的四大要素：价格、质量、情感价值、社会价值。Phlip Kolter（1998）分析了营销差异化包括产品差异化、服务差异化、渠道差异化、人员差异化和形象差异化。本书从产品的物理特性、形象特性、服务差异三个方面，测量不同市场上消费者需求的差异化情况。测量题项见表7-2。

表7-2　技术发展战略的消费者需求差异化测量

研究变量	操作性定义	具体测项	测项文献来源
消费者需求差异化	指行业中同类产品在性能、外观、质量、营销服务等方面存在差异，使得产品彼此替代关系呈现不完全性	1）企业所在市场上，产品之间有显著的质量、结构、性能差异 2）产品之间有显著的品牌、广告制造的心理差异 3）产品之间有显著的服务差异	Zeithami（1986）；Dodds，Monroe（1997）；Phlip Kolter（1998）等
变量测量采用李克特5点制量表，具体测项用符合程度来代表分值，"1"代表非常不同意，"2"代表不同意，"3"代表没意见，"4"代表同意，"5"代表非常同意			

2. 消费者需求变动性

一些学者提出市场需求的动态性会影响技术创新行为（Jaworski 和 Kohil，1993；Slater 和 Narver，1995；Kumar，1998）。因此，本研究将市场需求变动性纳入分析框架，分析市场需求变动性对技术融合创新模式选择的影响。依据 Dess 和 Beard（1984）的成果，分析参考企业调研的反馈意见，本研究选取消费者偏好的变化、产品更新换代周期、技术进步速度三个维度，测量企业进行技术融合创新所面临的市场需求环节。Miller（1988）认为组织对外部环境的把握是通过管理者的感知建立的；Isabella 和 Waddock（1994）研究发现，高管的决策过程中，感知的环境对决策制定的影响力比实际环境更多。此外，Boyd 等（1993）、Dess 和 Robinson（1984）等学者的相关研究认为，对环境的主、客观评价二者之间存在强相关性。综上，本研究对企业所处的市场环境采用主观方式实施测量和评价（见表7-3）。

表 7-3 技术发展战略的消费者需求变动性测量

研究变量	操作性定义	具体测项	测项文献来源
消费者需求变动性	由消费者偏好变化、产品更新换代速度和行业技术变化快慢等因素引起的市场需求的不确定性	1）公司业务市场上，消费者的偏好变化速度很快 2）企业所在行业技术变化速度很快 3）企业所在行业产品更新换代的速度很快	Dess 和 Beard（1984）；Miller（1988）；Dess 和 Robinson（1984）等
变量测量采用李克特 5 点制量表，具体测项用符合程度来代表分值，"1"代表非常不同意，"2"代表不同意，"3"代表没意见，"4"代表同意，"5"代表非常同意			

3. 行业竞争策略

从单个市场角度看，企业在一个独立市场竞争策略的选择是由市场竞争态势决定的。市场竞争策略的分析方法包括目标营销、五力分析模型、SWOT分析方法等。程源和傅家骥（2002）认为市场竞争策略分析要素应包括市场参与者策略、市场竞争结构、企业在价值链中的位置以及企业资源等方面。Stuart Crainer（2002）探讨了企业在不同消费者规模、需求规模、成本信息条件下，企业的竞争策略选择问题。Economides、Seim 和 Viard（2005）分析了不同市场结构下，企业对产品质量改进的选择，在系统产品由位于不同市场结构的主产品和互补品组成的情况下，作者使用数理推导的方法，计算产品质量改进对于利润的影响。

根据国内外学者对市场竞争策略的测量和研究，市场竞争策略主要分为价格竞争和差异化竞争策略（Stuart Crainer，2002）。本研究的行业竞争策略变量定位在行业，指企业所处行业在整体上所偏向的竞争策略（见表7-4）。

表7-4　技术发展战略的行业竞争策略测量

研究变量	操作性定义	具体测项	测项文献来源
市场竞争策略	市场经济中同类经济行为主体为提高经济利润，增强经济实力，而做出的排斥同类经济行为主体的相同或相似的表现	1）企业竞争者更偏向通过推出有特色的产品，吸引顾客 2）企业竞争者不太愿意通过降价来吸引顾客	Stuart Crainer（2002）；Economides 和 Viard（2005）；傅家骥（2002）等
变量测量采用李克特5点制量表，具体测项用符合程度来代表分值，"1"代表非常不同意，"2"代表不同意，"3"代表没意见，"4"代表同意，"5"代表非常同意			

4. 行业技术成熟度

本研究主要关注行业技术的成熟程度，或其可用程度。对于技术成熟度的测量，Altshuller 和 Williams（1984）利用专利数据信息分析技术系统演进与专利数量、产品性能、专利等级、产品利润之间的关系，后被用于技术成熟度的预测。安茂春（2012）结合技术发展过程、技术成果形式、技术转移等指标，建立了技术成熟度等级模型，将技术成熟度由低到高分为9个等级。Jaworski 和 Kohli（1993）通过设计量表，测度了技术环境的动态性，包括技术变革速度、行业技术机会、技术突破带来的新产品数量、技术预测难度以及行业技术发展等题项。该量表被学者广泛应用于以后的研究中（Pavlou 和 EI Sawy，2006；李正卫，2003；刘雪锋，2007；等）。本书围绕研究重点，选择部分该量表的题项，并做相应的调整。

本研究的行业技术主要指企业所在行业与相关行业的技术发展成熟度，以评价可以用于技术融合创新的技术资源丰富程度。侧重于企业决策主体对外部可用技术的感知状况，因此主要用主观方式测量该指标（见表7-5）。

表 7-5　技术发展战略的行业技术成熟度测量

研究变量	操作性定义	具体测项	测项文献来源
行业技术成熟度	评价本行业或相关行业中的关键技术是否达到应用标准，以检测技术机会，降低创新中的风险，提高创新成果的可能性	1）本行业技术发展非常成熟 2）与本企业相关的行业技术发展非常成熟	安茂春（2012）；Jaworski 和 Kohli（1993）
变量测量采用李克特 5 点制量表，具体测项用符合程度来代表分值，"1"代表非常不同意，"2"代表不同意，"3"代表没意见，"4"代表同意，"5"代表非常同意			

7.1.3　战略资源和能力

本研究将技术发展战略的资源和能力分为以下三个方面：创新资源投入水平（Winter，1984；Jovanovic，1982）、技术积累水平（Teece，1977）和吸收/学习能力（Michael Best，2001；Joe Tidd，2006）。

1. 创新资源投入水平

创新资源投入水平主要包括资金、人员、设备、信息等投入。大量研究以研发投入、研发投入占销售收入的比例等指标测量企业的创新资源投入水平（Galunic 和 Rosan，1997；Rivard，2006；张震宇和陈劲，2009），但还有很多学者认为，非研发投入对企业创新能力的提升作用也非常重要（远德玉等，1994；Burgelaman，1996）。Oslo 手册将创新资金投入分为研发投入、取得有形技术、购买无形技术、安装机器/工业设计/工业工程处理/生产上线费用、市场相关费用、培训费用六个项目。人力资源方面，魏江和许庆瑞（1996）用科技人员比例、高级技工比例、学术带头人比例等题项衡量企业科技人员投入。反映设备投入的指标有研发设备资产总额、研发设备资产占总资产比例等指标（Lei J，1996）。结合已有研究，本书从资金、人员、设备、信息等四个方面来测度创新资源投入水平（见表 7-6）。

表7-6 技术发展战略的创新资源投入水平测量

研究变量	操作性定义	具体测项	测项文献来源
创新资源投入水平	企业为了实施和实现技术发展战略所确定的人、财、设备、资金等资源投入力度	1) 企业会投入高额的研发经费 2) 企业有高素质的研发人员 3) 企业有先进的仪器、设备 4) 企业有有效的信息、情报收集渠道	Oslo手册；魏江、徐庆瑞（1996）；Lei J（1996）
变量测量采用李克特5点制量表，具体测项用符合程度来代表分值，"1"代表非常不同意，"2"代表不同意，"3"代表没意见，"4"代表同意，"5"代表非常同意			

2. 技术积累水平

对于技术积累水平的测量，现有研究主要采用研发强度（Cohen和Levinthal，1990）、专利数据（Ernst、Lichtenthaler和Vogt，2011）或者工程师人数（Thornhill，2006；Almeida和Kogut，1999）等指标。也有学者认为专利数据测量存量技术虽是学界共识，但难以应用到大量非科学技术基础型企业的测量中，工程师人数虽可以测量企业的个体知识，但没有考虑企业中经验或惯性形式存在的集体性知识。Smith等（2005）基于以上考虑，测量了企业知识水平，认为企业知识不仅包括个体知识，还包括集体知识，并用核心人数来测量个体知识，用经验来测量集体知识。本书在以上研究的基础上，结合实地调查研究，用核心技术、基础技术掌握程度、创新成果积累水平三个测项对企业技术积累水平进行测量（见表7-7）。

表7-7 技术发展战略的技术积累水平测量

研究变量	操作性定义	具体测项	测项文献来源
技术积累水平	企业内部的证实、技术的积累和基础	1) 目前本企业的技术已经积累到了相当的高度 2) 企业已掌握本行业的核心技术 3) 企业在同行中拥有较多的研发成果（专利申请量、科技成果获奖）	Barrales-Molina（2010）；Cohen和Levinthal（1990）；Almeida和Kogut（1999）等
变量测量采用李克特5点制量表，具体测项用符合程度来代表分值，"1"代表非常不同意，"2"代表不同意，"3"代表没意见，"4"代表同意，"5"代表非常同意			

3. 吸收/学习能力

吸收/学习能力是企业对外部环境变化和知识的消化与利用过程中体现出的能力，包括企业对外部获取的新知识进行分析、解释和理解，并结合企业已有的技术积累，对新知识进行有效整合和利用的过程和路径（Kim，1998）；以及将新知识通过特定路径转换并运用到企业实践中，创造出企业在市场中的新能力（Cohen 和 Levinthal，1990）。Kogut 和 Zander（1993）将吸收能力划分为潜在吸收能力和现实吸收能力，并分别设计量表进行测量。Edmondson（1999）将学习能力划分为内部学习能力和外部学习能力，并设计了学习能力的测量量表。本研究对吸收/学习能力的测量，采用以 Kogut 和 Zander（1992）、Edmondson（1994）、Teece 等（1992）、Szulanski（1996）以及 Zahra 和 Hayton（2008）等人的研究成果，在前人研究的基础上进行了适当修改和调整后确定，共设置了四个题项（见表 7-8）。

表 7-8　技术发展战略的吸收/学习能力测量

研究变量	操作性定义	具体测项	测项文献来源
吸收/学习能力	企业对外部新知识及信息进行价值评估、消化吸收，并在内部的扩散和应用的能力	1）企业非常善于通过各种渠道获取知识 2）能很快识别出内外部新信息、新技术 3）能将外部获取的新知识与自身知识迅速融合 4）能快速有效地将新知识应用到相关产品或服务上	Kogut 和 Zander（1992）；Teece 等（1992）；Szulanski（1996）
变量测量采用李克特 5 点制量表，具体测项用符合程度来代表分值，"1"代表非常不同意，"2"代表不同意，"3"代表没意见，"4"代表同意，"5"代表非常同意			

7.1.4　战略目标侧重

战略目标侧重是企业在创新过程中，对短期财务绩效目标和对长期持续发展目标的倾向。长期持续发展目标涉及对顾客、内部作业、学习与发展等非财务目标的评价（Preece，1995）。对非财务目标的评价通常用平衡计分卡方法，一般分为过程指标和结果指标，该方法有助于企业把注意力集中到战略愿景上。Anderson Consulting（1988）创立 EVA 分析方法，反映企业资本投入是获得增值还是遭到损失，该指标不仅反映经营业绩，而且注重企业的可持续发展。Waddock 和 Graves（1997）提出业绩多棱体评价方法，多棱体的三个面是战略、过程和能力，认为业绩评价应该包括企业的利益相关者，如政府部门、消费者、投资人、供应方、社会大众等。

本研究对战略目标侧重的测量，引用 Arthur（1992）和 Preece（1995）的量表，并结合本书的假设内容，对题目做适当调整（见表 7-9）。在分值设置上，分值越高说明企业侧重技术持续发展的长期目标，分值越低说明企业侧重技术实现的短期目标。通过题项与技术融合模式的关系，验证假设 H4、H4a 和 H4b。

表 7-9　技术发展战略的战略目标侧重测量

研究变量	操作性定义	具体测项	测项文献来源
战略目标侧重	当出现长期技术持续发展目标与短期技术实现目标冲突时，企业倾向的战略目标选择	1）公司追求那些能够强化公司长期竞争力的创新项目 2）企业关心某项技术的潜在应用价值 3）当长期目标与短期利益有冲突时，企业不会为了短期的财务利益，放弃能够提高公司长期竞争地位的机会	Anderson Consulting（1988）；Preece（1995）
变量测量采用李克特 5 点制量表，具体测项用符合程度来代表分值，"1"代表非常不同意，"2"代表不同意，"3"代表没意见，"4"代表同意，"5"代表非常同意			

7.1.5　战略市场定位

根据企业不同的战略市场定位，可以将企业分为技术领先型企业和技术追随型企业。Nagle 和 Holden（1995）从创新时间的先后上判断两种类型企业。Mile 和 Snow（1978）、Rajaratnam 和 Chonko（1995）都认为：跟随型战略是组织早期采用的战略之一，集中于企业现今要做什么和如何做好；开拓性战略则着重于成长，关注持续引进新创意和新产品。Anosff（1965）认为技术领先战略体现了企业使用探索的方式获取技术创新所需的信息和知识，技

术追随战略体现了企业用追随或学习的方式获取信息和知识，并据此开发了
两种战略类型的测量量表。本研究从 Jansen 和 Bosch（2006）、Atuahene、
Gima 和 Murray（2007）使用过的量表中选择适合本研究的题项，对技术领先
型企业和技术追随型企业的特征分别进行描述并进行测量（见表 7-10）。

表 7-10　技术发展战略的战略市场定位测量

研究变量	操作性定义	具体测项	测项文献来源
战略市场领先	企业通过追求产品技术水平的先进性，在其他企业尚未开发成功或产品尚未上市之前，抢先开发成功并推出市场	1）企业注重在一些全新的领域进行技术开发上的尝试 2）企业注重向市场引入全新产品 3）企业注重引领行业技术的发展	Nagle 和 Holden（1995）；Atuahene 等（2007）
战略市场追随	企业不期望成为世界第一，而是从早期创新者的失误中获得发展机会，或者购买领先者的核心技术、专利许可或实施反向工程等，模仿领先者的产品技术和生产技术	1）企业更乐意对已有的技术/产品进行改良，以快速适应市场需要 2）企业经常基于已有技术的扩展来增加产品/服务的功能和种类 3）企业注重在操作规则、制作流程、工作程序、工作进度方面的技术创新	Jansen 和 Bosch（2006）；Atuahene、Gima 和 Murray（2007）
变量测量采用李克特 5 点制量表，具体测项用符合程度来代表分值，"1"代表非常不同意，"2"代表不同意，"3"代表没意见，"4"代表同意，"5"代表非常同意			

7.1.6　技术战略发展阶段

本研究以企业生命周期阶段作为一般的战略发展阶段，考察随着技术发
展战略阶段的演进，技术融合创新模式的变迁过程。本书将战略发展阶段分
为初级阶段、中级阶段和高级阶段（Booz 和 Allen，1957）。阶段划分的依据：
Daft（1999）从组织结构、产品或服务、创新、企业目标、奖励和控制系统、
高层管理方式等六个方面的不同表现，划分企业发展阶段；Adizes（2001）从
灵活性和自我控制两个要素，决定企业处于哪个阶段。在初级阶段，企业自
我控制有限，但灵活性高；渐渐地控制力提高，灵活性降低；当二者兼具且

相互协调时，企业处在盛年期；之后，企业慢慢地僵化了。本书对企业生命周期的测量采用直接设定问题的方式，要被试人员根据其主观价值判断，选择其企业所处的战略阶段（见表7-11）。

表 7-11　技术发展战略的技术战略发展阶段测量

研究变量	操作性定义	具体测项	测项文献来源
技术战略发展阶段	企业根据技术发展战略目标和战略形势的基本变化而划分的战略过程	本企业所处的战略发展阶段：初级阶段；中级阶段；高级阶段	Booz 和 Allen（1957）；Adizes（2001）
本题目为单选项，企业从三个表述中选择最贴合本企业创新行为的一个			

7.1.7　控制变量

很多文献表明（Scherer，1980；Lall，1992；Acha、Gann 和 Salter，2005 等），所有制结构、行业特征及企业规模等因素会直接影响融合创新模式的选择，通常作为研究的控制变量。

所有制结构通常会对企业技术融合创新产生影响，本研究对象并没有限制所有制结构，研究的主要对象是国有企业、民营企业和外资企业。通常认为国有企业拥有雄厚的资源，外资企业掌握先进技术和资金，因此有条件进行改良式或嫁接式融合；民营企业资金和技术水平有限，其发展受到的限制较多，更有可能选择复制式融合。

行业类型会对技术融合创新模式产生影响。不同的行业其产品特性、技术特点、市场竞争状况不同，选择的融合创新模式也会有很大差别。例如食品行业市场变动幅度、产品形态较稳定，不太经常进行高水平的技术创新，更多选择复制式融合；电子行业市场需求变动性较大，产品更新换代速度很快，企业更可能通过改良式或嫁接式融合，提高技术创新及应用速度，更快地将创新产品推出市场。

企业规模大小影响技术融合创新模式，规模较大的企业通常动用多种资源，更有实力进行高阶的融合模式。大多数学者认为企业规模与技术创新资源投入有正相关关系，同时大规模企业比小企业有更大的抗风险能力，能够满足改良式或嫁接式融合对创新资源的高要求和对较高创新风险的承受能力。在本研究中，企业规模拟作为控制变量，用企业员工人数和年销售额表示。

7.2　问卷设计流程和问卷构成

问卷调查是对本研究前期理论分析过程及结果的检验，因此，问卷的质量对于本研究十分关键。本研究在文献分析与整理、研究假设、模型构建、变量分析的基础上，对调查问卷进行了初步设计，然后依照实证研究的规范性完善要求，按步骤不断修改题项设计，最终形成了用于大样本调查的问卷。

7.2.1　问卷初步设计

完成关于变量的操作定义和测量之后，本书基于文献中已有的相关量表研究，结合测量变量的内涵，确定了具体测量题项，并设计出了调查问卷的初稿。

7.2.2　先期实验

在先期实验环节，本研究经过三个步骤进行问卷修改与完善，即选取样本企业进行问卷初步测试、与企业管理者进行深度访谈、与专家进行小型讨论。

首先，听取了本研究领域相关专家学者的指导意见，根据他们对调查问卷的意见和建议，进行问卷初步修改，包括题项的表述方式、题项内容的准确性、模型的表面效度等。

然后，选取几十位企业管理者进行问卷调查和初步访谈，一些企业管理者结合自己的工作经验，对问卷的具体题项给出了非常有益的意见和建议。根据这些意见，本研究进一步对问卷内容做了修改，包括一些过于学术化、概念不清和具有歧义的语句，形成了问卷修订稿。

最后，本研究用问卷修订稿，联系三十几家企业管理者，进行了初步问卷调查，并对回收数据进行了分析。然后，电话了解了他们在填写问卷时的感受以及存在的问题等。根据他们对问卷内容的意见和建议，对问卷进行了进一步完善。经过修改之后，问卷题目表述更清晰，使被调查者更容易理解并做出判断，避免了调查中出现理解上的错误。在对问卷内容经过反复修改及推敲后，最终形成了问卷定稿。

7.2.3 问卷最终构成

经过先期实验，反复推敲、再次核实变量测量文献、剔除解释力度不够的题目后，问卷基本完成。本问卷共分为三个部分：第一部分为基本信息，为选择题型；第二部分是影响企业技术融合创新模式选择因素的测量，为 Likert 五级量表；第三部分为本问卷的回归点，测量企业的融合创新模式。问卷共设 43 个题项，其中有 12 个选择题，31 个 Likert 五级量表选择题（见附录）。

问卷填写根据被测试者的主观评价来回答问题，有可能会使问卷结果存在偏差。本研究采取了一些措施，尽量降低问卷回答过程中出现的偏差。具体包括把问卷发放给熟悉企业战略管理和企业研发创新的管理人员；同时，问卷设计主要是对企业现阶段情况的提问；对问卷中的语句进行了仔细斟酌，以使题项清晰、易懂。

7.3 研究样本量、问卷发放和数据分析方法

7.3.1 研究样本量

问卷抽样调查面临的主要问题是抽样框和样本规模。首先，样本规模应当达到统计可接受的数量；其次，抽样框应该选择符合本研究内容的企业作为调查对象。在调查对象确定上，由于本研究的内容是企业技术融合创新，需要被调查者熟悉企业的战略制定过程和企业技术融合创新过程，并参与到企业重大决策过程之中；同时，还要求被调查者在一定程度上了解企业的市场环境、技

术、营销和政策等方面的知识。因此，调查对象应尽量为企业中的管理者。

按照以上研究内容和统计上的要求，本研究共发放 330 份问卷，调查对象为我国区域内的企业，问卷填写对象为企业高管（董事、总经理、副总经理、技术部门总监等）或中层管理者。

7.3.2　问卷调查实施过程

本研究采取了三种问卷发送和回收方式（见表 7-12）。

其一，走访企业。通过各种渠道实地走访了一些企业，并当面向这些企业的管理者发放问卷并回收。总体来看，通过这种渠道发放问卷质量相对较高。通过这种方式共发放 30 份问卷，实际回收 30 份，全部可用。

其二，通过沟通联系，先后向全国性的行业协会、企业商会所属会员企业的管理者发放调查问卷，并承诺将研究结果反馈给对本研究感兴趣的企业管理者。通过这种渠道共发放问卷 200 份，回收问卷 114 份，将其中信息缺失较多的 30 份问卷剔除，实际可用 84 份。

其三，通过"滚雪球"的方式，联系同学、朋友和亲戚关系中认识的企业高管和中层管理人员等，以邮件、电话及拜访三种形式发放调查问卷，共发放 100 份，回收 60 份，剔除雷同和信息缺失的问卷 11 份，实际回收有效问卷 49 份。

表 7-12　问卷回收情况一览表

问卷情况	问卷份数	占实际发放问卷的比例
实际发放问卷	330	100%
回收问卷	204	62%
无效问卷	41	12.4%
有效问卷	163	49.6%

7.3.3　数据分析方法

本研究将回收的有效问卷进行整理并编码后，录入 Excel 表格，导入

SPSS17.0统计软件进行数据分析。分析方法包括：描述性统计分析、信度分析、效度分析、因子分析、相关分析和多元回归分析。

首先，通过描述性统计方法对样本的基本信息进行描述性统计分析，说明各个变量的百分比、累计百分比等基本情况，把握数据的总体特征。

其次，通过信度和效度分析检验研究变量的稳定性和内部一致性。信度是指采用同一工具对同一对象进行测试时，测量结果的可靠性、稳定性和一致性，以判断该测量工具能否一致地测量研究对象。本研究将 Cronbach's α 值作为信度检验的标准，以测量同一变量下各题项之间的内部一致性。效度是指测量工具能够在多大程度上反映构想的真实含义，包括构想效度、内容效度和预测效度。其中，构想效度又包括区分效度和聚合效度。本研究利用因子分析对构想效度进行判断，从多个变量中提取出共性因子，并找到潜藏在变量之中的代表性因子。因子分析主要包括探索性因子分析（Exploratory factor analysis）和验证性因子分析（Confirmatory factor analysis）两种不同的分析方法。本研究结合两种分析方法的优势进行测量。

再次，采用 Pearson 相关系数分析方法，分析研究中涉及变量的相关程度和相关方向。

最后，通过多元回归分析考察自变量和因变量之间的数量变化规律，即多个自变量的变化引起一个因变量变化的影响程度。

7.4 本章小结

本章介绍了研究中涉及的主要变量的操作性定义及其测量方法、数据收集过程、问卷设计步骤和样本调查流程，以及本研究采用的统计分析方法与步骤。通过本章的论述，我们进一步量化了假设提出的测量变量和分析原理。

第 8 章

实证研究数据分析与结果

调查问卷回收之后，经过整理、筛选，本研究使用 SPSS17.0 统计软件包对有效问卷样本进行数据处理，以验证第 7 章所提出的研究假设。本章内容主要包括对样本进行描述性统计分析，以检验研究变量的信度、效度，在此基础上进行研究模型的相关分析和回归分析。

8.1 描述性统计、信度和效度分析

8.1.1 描述性统计分析

本研究共收集有效问卷 163 份，回收问卷的基本信息情况见表 8-1。

表 8-1 基本信息统计量

	所属行业	企业人数	企业销售收入	企业性质	个人职务
有效	163	163	163	163	163
缺失	0	0	0	0	0

从企业性质来看，国有或国有控股企业 65 家，占比 39.9%；民营企业 80 家，占比 49.1%；中外合资或外商独资企业 18 家，占比 11.0%。分布见表 8-2。

表8-2　被调查企业所有制性质

企业性质	频率	百分比 （%）	有效百分比 （%）	累计百分比 （%）
国有企业（含国有控股）	65	39.9	39.9	39.9
民营企业（含私人控股）	80	49.1	49.1	89.0
外资企业（含外资控股）	18	11.0	11.0	100.0
合计	163	100.0	100.0	

在样本的行业分布中，由于本研究更适合对制造类企业进行调查，因此将所有关于商业、金融业、建筑业等服务类行业的问卷排除，只对以下行业数据进行分析。其中，食品业15家，占比9.2%；纺织服装业13家，占比8.0%；IT行业35家，占比21.5%；机械制造业52家，占比31.9%；石油化工业9家，占比5.5%；通信行业15家，占比9.2%；生物及医药业17家，占比10.4%；其他行业包括环保、技术服务类等行业，占比4.1%（见表8-3）。

表8-3　被调查企业所属行业

行业	频率	百分比 （%）	有效百分比 （%）	累计百分比 （%）
食品业	15	9.2	9.2	9.2
纺织服装业	13	8.0	8.0	17.2
机械制造业	52	31.9	31.9	49.1
IT行业	35	21.5	21.5	70.6
通信行业	15	9.2	9.2	79.8
石油化工业	9	5.5	5.5	85.3
生物及医药业	17	10.4	10.4	95.7
其他	7	4.3	4.3	100.0
合计	163	100.0	100.0	

从最近两年的平均销售收入情况来看，500万元以下占比9.2%，501万~

1000 万元占比 2.5%，1001 万~3000 万元占比 4.3%，3001 万~1 亿元占比 10.2%，1 亿~5 亿元占比 26.4%，5 亿元以上占比 47.2%。有将近一半的企业销售收入达到 5 亿以上，分布见表 8-4。

表 8-4　被调查企业销售收入

年销售收入	频率	百分比（%）	有效百分比（%）	累计百分比（%）
5 亿元以上	77	47.2	47.2	47.2
1 亿~5 亿元	43	26.4	26.4	73.6
3001 万~1 亿元	17	10.4	10.4	84.0
1001 万~3000 万元	7	4.3	4.3	88.3
501 万~1000 万元	4	2.5	2.5	90.8
<500 万元	15	9.2	9.2	100.0
合计	163	100.0	100.0	

表 8-5 显示调查企业员工人数规模分布。有 62 家企业员工人数在 15~300 之间，占比 38.0%；44 家企业员工人数在 301~2000 之间，占比 27.0%；57 家企业人数在 2000 人以上，占比 35.0%。

表 8-5　被调查企业人数分布

人数	频率	百分比（%）	有效百分比（%）	累计百分比（%）
2000 以上	57	35.0	35.0	35.0
301~2000	44	27.0	27.0	62.0
15~300	62	38.0	38.0	100.0
合计	163	100.0	100.0	

在 163 份有效问卷的回答者中，企业高层领导有 40 位，担任总经理或副总经理职务，占被调查者人数的 24.5%；有 97 人为企业中层管理者，担任部门经理或部门副经理职务，占被调查者人数的 59.5%；其他 26 人，占比 16.0%。在其他人员中，大部分为技术人员，或熟悉企业情况的员工（见表 8-6）。

表8-6 被访者个人职务分布

职务	频率	百分比 (%)	有效百分比 (%)	累计百分比 (%)
高管	40	24.5	24.5	24.5
中层管理者	97	59.5	59.5	84.0
其他	26	16.0	16.0	100.0
合计	163	100.0	100.0	

8.1.2 变量的信度分析

变量的信度反映了所使用的测量工具能否稳定、有效地测量研究对象，也就是调查问卷所测量出的结果是否具有可靠性、稳定性和一致性，即对同一个项目调查所使用的一组问题的内部一致性。信度系数越高表明该调查的结果越具有一致性、稳定性和可靠性。本研究将 Cronbach's α 系数作为衡量标准检验变量的信度。除此之外，本研究还利用信度分析检验测项是否需要纯化，通过计算单项与总分的相关系数（Corrected Item-total Correlation），检验是否需要删除测项。Churchill（1979）认为当该项被删除后，Cronbach's α 值会增加，并且 CITC 值小于0.4时，应该删除该项。

由于本研究中战略阶段构想只用一个题项测量，因此不用进行信度分析。本研究将对其他三个维度（企业技术发展战略环境、战略资源与能力、战略目标）共10个变量逐一进行信度分析和测项纯化。

1. 战略环境的信度分析结果

本研究中的战略环境维度分为市场需求差异化、市场需求变动性、行业竞争策略偏向、行业技术成熟度4个变量。针对这4个变量分别有2~3个题项来衡量。信度分析结果见表8-7。

表 8-7　战略环境的信度分析

子维度	测项	CITC 值	删除本项后的 α 值	α 值
需求差异化	CY1：产品质量、结构、功能差异	0.671	0.721	0.734
	CY2：产品品牌、广告等形象差异	0.598	0.600	
	CY3：产品服务差异	0.602	0.596	
需求变动性	BD1：消费者偏好变化	0.540	0.801	0.805
	BD2：行业技术变化	0.694	0.690	
	BD3：产品更新换代速度	0.737	0.639	
行业竞争策略	CL1：行业偏向差异化竞争	0.625	—	0.727
	CL2：行业偏向价格竞争	0.482	—	
行业技术成熟度	CS1：本行业技术成熟度	0.716	—	0.833
	CS2：相关行业技术成熟度	0.713	—	

从表 8-7 中可以看出，战略环境四个维度的 Cronbach's α 值都超过了 0.7，说明量表题项的可靠性较高。其中，需求差异化的单项与总分相关系数 CITC 值最小为 0.598，最大为 0.671；需求变动性维度 CITC 值最小为 0.540，最大为 0.737；行业竞争策略维度 CITC 值最小为 0.482，最大为 0.625；行业技术成熟度 CITC 值最小为 0.713，最大为 0.716。从四个维度的单项与总分相关系数 CITC 值来看，无须进行测项纯化工作。

战略环境四个维度的 Cronbach's α 值分别为 0.734、0.805、0.727、0.833，表示本问卷对战略环境构想的测量具有较高的信度。

2. 战略资源和能力的信度分析结果

在研究设计中，战略资源与能力由技术积累水平、吸收/学习能力、创新资源投入水平 3 个变量构成。针对这 3 个变量分别有 3~4 个题项来衡量。信度分析结果见表 8-8。

表 8-8　战略资源与能力的信度分析

子维度	测项	CITC 值	删除本项后的 α 值	α 值
技术积累水平	JL1：企业技术积累程度	0.633	0.740	0.799
	JL2：核心技术掌握程度	0.753	0.614	
	JL3：研发成果拥有情况	0.567	0.823	
吸收/学习能力	XS1：善于通过各种渠道获取知识	0.772	0.897	0.913
	XS2：很快识别内外部技术、信息	0.791	0.890	
	XS3：将内外知识迅速融合	0.834	0.876	
	XS4：将新知识应用于产品或服务	0.810	0.884	
创新资源投入水平	ZY1：研发经费投入	0.807	0.861	0.901
	ZY2：有高素质的研发人员	0.854	0.844	
	ZY3：有先进的仪器、设备	0.789	0.868	
	ZY4：掌握各种信息/情报获取渠道	0.699	0.897	

从表 8-8 可以看出，战略资源和能力三个维度的 Cronbach's α 值都超过了 0.7，说明量表题项的可靠性较高，对战略资源和能力变量的测量具有较高的信度。在战略资源与能力的三个维度里，技术积累水平维度的单项与总分相关系数 CITC 值最小为 0.567，最大为 0.753；吸收/学习能力维度 CITC 值最小为 0.772，最大为 0.834；创新资源投入维度的单项与总分相关系数 CITC 值最小为 0.699，最大为 0.854。从 3 个维度的单项与总分相关系数 CITC 值来看，无须进行测项纯化工作。其中，技术积累水平 JL3、题项删除后的 α 值为 0.823，大于总体 α 值 0.799。即删除该题项后量表的信度得到改善，因此，考虑删除。

战略资源和能力三个维度的 Cronbach's α 值分别为 0.799、0.913、0.901，表示本问卷对战略资源与能力变量的测量具有较高的信度。

3. 战略目标的信度分析结果

本研究中的战略目标维度分为战略目标偏向、战略市场领先、战略市场追随 3 个变量。针对这 3 个变量分别有若干个题项来衡量。信度分析结果见表 8-9。

表 8-9 战略目标的信度分析

子维度	测项	CITC 值	删除本项后的 α 值	α 值
战略目标偏向	MB1：企业追求长期竞争力	0.833	0.720	
	MB2：关心技术的潜在应用价值	0.699	0.848	0.864
	MB3：不会因为短期利益放弃长期目标	0.698	0.845	
战略市场领先	LX1：注重开发全新技术	0.717	0.791	
	LX2：注重向市场引入全新产品	0.813	0.696	0.849
	LX3：注重引领行业技术发展	0.632	0.839	
战略市场追随	ZS1：对已有技术/产品进行改良	0.787	0.741	
	ZS2：扩展已有产品功能和种类	0.784	0.745	0.856
	ZS3：注重对工艺、流程进行创新	0.624	0.840	

从表 8-9 中可以看出，战略目标三个维度的 Cronbach's α 值都超过了 0.7，说明量表项目的可靠性较高。在战略目标偏向的两个维度里，战略目标偏向的单项与总分相关系数 CITC 值最小为 0.698，最大为 0.833；战略市场领先维度 CITC 值最小为 0.632，最大为 0.813；战略市场追随维度 CITC 值最小为 0.624，最大为 0.787。从三个维度的单项与总分相关系数 CITC 值来看，无须进行测项纯化工作。

战略目标三个维度的 Cronbach's α 值分别为 0.864、0.849、0.856，表示本问卷对战略目标变量的测量具有较高的信度。

下面将战略环境、战略资源与能力、战略目标三个关键构想的 Cronbach's α 值汇总在表 8-10 中，可以看出本研究所采用的问卷具有较高的信度。

表 8-10 本研究关键变量信度系数（Cronbach's α）汇总表

构想	题项数	信度（Cronbach's α）
需求差异化	3	0.734
需求变动性	3	0.805
行业竞争策略	2	0.727
行业技术成熟度	2	0.833
技术积累水平	3	0.799
吸收/学习能力	4	0.913

续表

构想	题项数	信度（Cronbach's α）
创新资源投入水平	4	0.901
战略目标偏向	3	0.864
战略市场领先	3	0.849
战略市场追随	3	0.856

8.1.3　变量的效度分析

效度指的是该测量工具能够在多大程度上准确测量出被测变量，也就是使用该测量工具测量出的结果是否能够真实体现被测变量的内涵。测量效度的高低反映了在多大程度上该变量的真实特征及概念被准确测量。变量的测量效度一般包括内容效度和建构效度。内容效度检验将概念分解为不同维度及要素是否合理，可以由相关领域的学者、专家做出定性判断。本研究的调查问卷主要借鉴和引用国内外学者已经开发出及使用过的量表，问卷经过与相关领域多位专家、教授及博士生团队进行讨论、审核，然后与多家企业的高层管理人员讨论，听取他们的建议和意见，在此基础上进行修改和完善，因此具有较高的内容效度。

因子分析可以将数量众多的测量项目缩减到若干个维度，因此是衡量建构效度的一种重要方法。因子分析通过将衡量相同维度的测量项目合并在一起，来呈现因子建构的情况。因子分析主要有探索性因子分析和验证性因子分析两种方法。本研究综合运用这两种方法来对变量进行建构效度检验。

探索性因子分析之前，首先对量表进行 KMO（Kaiser-Meyer-Olkin）检验和巴利特球形检验（Bartlett Test of Sphericity），以判断量表是否可以做探索性因子分析。KMO 检验是研究变量之间相关性的指标参数，其值介于 0~1 之间，越趋近于 1，表明该研究变量越适用探索性因子分析方法。一般情况下，0.7 是其临界值。如果变量的 KMO 值大于 0.7，则可以通过探索性因子分析检验量表的建构效度。Bartlett 统计指标检验数据的分布，显示了各个研究变量的独立情况，证明变量是否独立提供信息，判断数据是否适合进行探索性因子分析。原假设为相关矩阵是单位矩阵，当统计量比较大，且 p 值明显小于显著水平时，表示应该拒绝原假设，据此可以认为相关矩阵不是单位矩阵，探索性因子分析方法有效，之后才可以采用因子分析检验效度，判断量表是否具有稳定的因子结构。最后，通过主成分分析方法萃取出特征根大于 1 的变量因子，同时为了使矩阵因子中变量的载荷降至最小，对矩阵进行正交旋转（方差极大法旋转）。

本研究的自变量有战略环境、战略资源和能力、战略目标和战略阶段四个维度，共计 31 个题项，对应本书的 18 个研究假设。本研究对包含多个题项的战略环境、战略资源和能力、战略目标三个维度进行因子分析，然后对所有题项进行总体因子分析，以检验结构效度。

1. 战略环境的探索性因子分析

战略环境的 KMO 检验值为 0.784 并远高于 0.7 的经验水平，巴利特球形检验卡方值为 532.580，限度 Sig 值为 0，这些数据表明，量表测量出的数据适合进行探索性因子分析（见表 8-11）。

表 8-11　KMO 和巴利特球形检验

取样足够度的 KMO 度量		0.784
巴利特球形检验	近似卡方	532.580
	df	45
	Sig.	0.000

表 8-12 为对战略环境进行探索性因子分析的结果，显示出特征值大于 1 的主成分有 4 个，因此有 4 个因子可以被萃取。落在各因子上的载荷绝对值系数均超过了 0.5，并且提取 4 个因子之后，累计的方差贡献率为 75.220%，由此可见，萃取的 4 个因子能够反映大部分原始变量的信息，说明该量表对于所测量的战略环境概念的解释力较高。

表 8-12 战略环境的探索性因子分析

旋转成分矩阵[①]

测　　项	成　　分			
	1	2	3	4
CY1：产品质量、结构、功能差异	0.831	0.215	0.412	164
CY3：产品服务差异	0.827	0.152	0.243	0.150
CY2：产品品牌、广告等形象差异	0.678	0.204	0.101	0.289
BD3：产品更新换代速度	0.127	0.894	0.188	0.123
BD2：行业技术变化	0.145	0.844	0.171	0.126
BD1：消费者偏好变化	0.307	0.722	0.221	0.213
CL2：行业偏向价格竞争	0.336	0.269	0.870	0.200
CL1：行业偏向差异化竞争	0.274	0.406	0.697	0.197
CS2：相关行业技术成熟度	0.237	0.132	0.110	0.903
CS1：本行业技术成熟度	0.131	0.233	0.328	0.801
转轴特征值	2.297	2.053	1.724	1.449
方差贡献率（%）	22.972	20.525	17.235	14.488
累计方差贡献率（%）	22.972	43.497	60.732	75.220

注：提取方法：主成分分析法。

　　旋转法：具有 Kaiser 标准化的正交旋转法。

　　① 旋转在 5 次迭代后收敛。

2. 战略资源与能力的探索性因子分析

战略资源与能力检测出的 KMO 检验值为 0.897，远高于 0.7 的经验水平，巴利特球形检验卡方值为 1054.114，限度 Sig 值为 0，这些数据表明，量表测量出的数据适合进行探索性因子分析（见表 8-13）。

表 8-13 KMO 和巴利特球形检验

取样足够度的 KMO 度量		0.897
巴利特球形检验	近似卡方	1054.114
	df	55
	Sig.	0.000

表 8-14 给出的是战略资源与能力的因子分析结果，特征值大于 1 的主成分共有 3 个，因此可以萃取出 3 个因子。除了 JL3 以外，落在 3 个因子上的载荷绝对值系数超过了 0.5，因此，可以删除该选项。因子提出后，累计方差贡献率达到了 78.321%，说明量表测量对选择能力这一概念的解释度较高。

表 8-14 战略资源与能力的因子分析

旋转成分矩阵①

测　　项	成　　分		
	1	2	3
XS3：将内外知识迅速融合	0.790	0.401	0.194
XS1：善于通过各种渠道获取知识	0.781	0.334	0.264
XS4：将新知识应用于产品或服务	0.780	0.278	0.253
XS2：很快识别内外部技术、信息	0.759	0.432	0.367
ZY4：掌握各种信息/情报获取渠道	0.322	0.844	0.295
ZY1：研发经费投入	0.285	0.814	0.177
ZY3：有先进的仪器、设备	0.224	0.794	0.189
ZY2：有高素质的研发人员	0.401	0.623	0.250
JL2：核心技术掌握程度	0.365	0.209	0.889
JL1：企业技术积累程度	0.328	0.185	0.774
JL3：研发成果拥有情况	0.385	0.281	0.442
转轴特征值	3.443	2.992	2.181
方差贡献率（%）	31.297	27.201	19.823
累计方差贡献率（%）	31.297	58.498	78.321

注：提取方法：主成分分析法。
　　旋转法：具有 Kaiser 标准化的正交旋转法。
　　① 旋转在 3 次迭代后收敛。

3. 战略目标的探索性因子分析

战略目标检测出的 KMO 检验值为 0.816，远高于 0.7 的经验水平，巴利特球形检验卡方值为 828.606，限度 Sig 值为 0，这些数据表明，量表测量出的数据适合进行探索性因子分析（见表 8-15）。

表 8-15　KMO 和巴利特球形检验

取样足够度的 KMO 度量		0.816
巴利特球形检验	近似卡方	828.606
	df	36
	Sig.	0.000

表 8-16 给出的是战略目标的因子分析结果，特征值大于 1 的主成分共有 3 个，因此可以萃取出 3 个因子。落在 3 个因子上的载荷绝对值系数超过了 0.5，因此，可以删除该选项。因子提出后，累计方差贡献率达到了 77.371%，说明量表测量对选择能力这一概念的解释度较高。

表 8-16　战略目标的因子分析

旋转成分矩阵[①]

测　　项	成　分		
	1	2	3
MB1：企业追求长期竞争力	0.849	0.264	0.217
MB2：关心技术的潜在应用价值	0.765	0.202	0.367
MB3：不会因为短期利益放弃长期目标	0.820	0.204	0.045
LX1：注重开发全新技术	284	0.906	0.067
LX2：注重向市场引入全新产品	0.445	0.804	0.145
LX3：注重引领行业技术发展	0.397	0.814	0.295
ZS1：对已有技术/产品进行改良	0.202	0.055	0.912
ZS2：扩展已有产品功能和种类	0.086	0.138	0.908
ZS3：注重对工艺、流程进行创新	0.315	0.211	0.722
转轴特征值	2.892	2.473	1.8801
方差贡献率（%）	32.132	27.481	17.758
累计方差贡献率（%）	32.132	59.613	77.371

注：提取方法：主成分分析法。

旋转法：具有 Kaiser 标准化的正交旋转法。

① 旋转在 5 次迭代后收敛。

4. 本研究所有关键变量的探索性因子分析

表8-17是对测量问卷中所有变量（包括：战略环境、战略资源和能力、战略目标）的量表进行 KMO 和巴利特球形检验的结果，表明包括所有变量的量表同样适合使用探索性因子分析的方法。

表 8-17　KMO 和巴利特球形检验

取样足够度的 KMO 度量		0.882
巴利特球形检验	近似卡方	2343.046
	df	378
	Sig.	0.000

总量表的因子分析结果见表8-18，特征值大于1的主成分共有10个，因此可以萃取出10个因子。从分析结果看，各因子的测量项目对形成公因子的贡献较为显著（载荷绝对值系数大于0.5）。提取出的10个因子累计方差贡献率为82.710%，说明本研究的总体量表对被测变量的解释力较强。

表 8-18　本研究所有变量的因子分析

旋转成分矩阵[①]

测项	成　　分									
	1	2	3	4	5	6	7	8	9	10
ZY2	0.842	0.161	0.193	0.125	0.222	-0.131	0.203	0.147	0.252	0.154
ZY1	0.835	0.238	-0.212	0.170	0.187	-0.125	-0.161	-0.203	0.151	0.270
ZY3	0.832	0.221	0.163	-0.123	0.155	0.151	0.102	0.209	0.224	0.104
ZY4	0.601	0.196	0.233	0.154	0.137	0.175	0.135	0.257	0.434	0.194
LX1	0.196	0.812	0.102	0.214	0.118	0.254	0.101	0.174	0.145	0.152
LX2	0.216	0.789	0.155	0.167	0.188	0.119	0.109	0.367	0.306	-0.143
LX3	0.240	0.593	0.269	0.131	0.308	0.133	0.121	0.138	0.192	0.108
XS3	0.291	0.324	0.783	0.177	0.143	-0.145	0.258	0.224	0.275	0.186
XS2	0.234	0.298	0.608	0.149	0.279	0.209	0.253	0.210	0.481	0.122
XS1	0.375	0.344	0.592	0.262	0.216	0.128	0.127	0.104	0.312	-0.103

测项	成　分									
	1	2	3	4	5	6	7	8	9	10
XS4	0.357	0.112	0.563	0.245	0.227	0.134	0.375	0.263	0.114	0.122
MB3	0.203	0.252	0.360	0.852	0.254	0.126	0.267	−0.218	−0.242	0.217
MB1	0.215	0.244	0.240	0.844	−0.137	0.166	0.302	0.186	0.128	0.321
MB2	0.380	0.290	0.304	0.790	0.130	0.154	0.149	0.177	0.413	0.250
CS2	0.126	0.134	0.187	0.126	0.879	0.106	0.131	0.305	0.227	0.113
CS1	0.141	0.148	0.115	0.197	0.756	0.268	0.141	0.255	0.340	0.200
BD3	0.172	0.160	0.112	0.180	0.120	0.880	0.136	0.140	0.146	−0.202
BD2	0.166	0.153	0.141	0.118	0.133	0.874	0.157	0.350	0.144	0.350
BD1	0.284	0.141	0.154	0.140	0.213	0.581	0.277	0.142	0.102	0.524
JL2	0.214	0.194	0.223	0.112	0.198	0.136	0.746	0.167	0.127	0.106
JL1	0.295	0.169	0.413	0.134	0.235	−0.222	0.571	0.124	0.290	0.316
CY3	0.104	0.215	0.119	0.135	−0.228	0.143	0.159	0.843	0.261	0.141
CY2	0.101	0.258	0.238	0.163	0.110	0.226	0.296	0.826	0.158	0.352
CY1	0.134	0.193	0.106	0.335	0.182	0.372	−0.315	0.512	0.438	0.212
CL1	0.159	0.264	0.325	0.240	0.101	0.221	0.218	0.191	0.918	0.232
CL2	0.242	0.159	0.160	0.356	−0.178	0.156	0.218	0.202	0.702	0.189
ZS1	0.214	0.136	0.232	0.124	0.130	0.108	0.153	0.166	0.243	0.910
ZS2	0.155	0.310	0.144	0.129	0.146	0.269	0.201	0.232	0.326	0.890
ZS3	0.189	0.140	0.107	0.198	0.131	0.159	0.168	0.169	0.221	0.729
转轴特征值	5.209	3.784	3.629	3.395	2.868	2.502	1.626	1.315	1.118	1.112
方差贡献率（%）	18.603	13.516	9.389	8.555	8.100	6.793	5.806	4.697	3.993	3.258
累计方差贡献率（%）	18.603	32.119	41.508	50.063	58.163	64.956	70.762	75.459	79.452	82.710

注：提取方法：主成分分析法。

旋转法：具有 Kaiser 标准化的正交旋转法。

① 旋转在 10 次迭代后收敛。

5. 基于结构方程模型的验证性因子分析

在探索性因子分析基础上，本研究对上述多个变量进行了验证性因子分析，该分析是基于结构方程模型基础上的。以上探索性因子分析是在各维度范围内独立进行的，验证性因子分析方法不仅能将以上分析得到的所有因子纳入同一个模型中进行结构分析，而且还能检测各变量之间的区分效度。其基本思路是，把不同变量的测项强行合并到一个潜在因子中，如果各变量之间具有明显的区分效度，则结构方程模型的拟合优度会出现明显恶化，表明该测项不属于这一变量。反之，如果没有出现模型拟合优度的明显变化，说明该测项合并是可接受的，即多个变量的测量指标含义相互交叉，具有高度的互换性，也即变量没有通过区分效度检验。

为验证本研究建立的企业融合创新模式影响因素测量模型是否有效，本研究使用 LISREL8.7 统计软件，建立结构方程模型，并对模型进行了一阶验证性因子分析。从检验结果来看，一阶验证性因子分析模型的各拟合指数分别为：Chi Square/df 为 $1.291 < 3.0$，RMSEA 为 $0.059 < 0.08$，CFI 为 $0.963 > 0.8$，NFI 为 $0.958 > 0.9$，GFI 为 $0.939 > 0.9$，AGFI 为 $0.896 > 0.8$，说明模型拟合情况较好。

8.2　假设检验分析

8.2.1　相关分析

通过以上对变量测量的信度分析和效度检验，在获得可靠的测量变量基础上，本研究进一步对提出的研究假设进行检验。

本研究选择三个变量作为控制变量，分别是所属行业、企业性质、企业规模（包括员工人数和年销售额）。上节已对各变量做了描述性分析。然后，我们对研究中的相关变量进行了 Pearson 相关分析，表 8-19 给出了本研究中的所有变量（包括了三个控制变量：行业、企业性质、企业规模）两两之间的相关系数。

表 8-19　变量描述性统计与 Pearson 相关系数

变量	1	2	3	4	5	6	7	8	9	10	11	12	13	14	15	16
1. 行业性质	1															
2. 所属行业	-0.144	1														
3. 年销售收入	-0.087	-0.058	1													
4. 企业人数	0.023	-0.096	0.514**	1												
5. 市场需求差异化	0.063	-0.059	0.184	0.223*	1											
6. 市场需求变动性	0.284*	-0.162	0.038	0.012	0.366**	1										
7. 行业竞争策略	0.228*	0.013	0.217	0.140	0.538**	0.426**	1									
8. 行业技术成熟度	0.247*	-0.095	0.205	0.193	0.462**	0.272**	0.557**	1								
9. 技术积累水平	0.158	-0.122	0.260*	0.265*	0.379**	0.227*	0.424**	0.509**	1							
10. 吸收/学习能力	0.172	-0.058	0.329**	0.325**	0.403**	0.424**	0.532**	0.532**	0.701**	1						
11. 资源投入水平	0.049	-0.206	0.347**	0.372**	0.336**	0.301**	0.289**	0.417**	0.679**	0.772**	1					
12. 战略目标导向	0.143	-0.054	0.287**	0.293**	0.387**	0.203	0.421**	0.510**	0.617**	0.763**	0.702**	1				
13. 战略市场领先	0.169	-0.052	0.242*	0.292**	0.373**	0.366**	0.496**	0.440**	0.624**	0.795**	0.699**	0.743**	1			
14. 战略市场追随	0.003	0.024	0.292**	0.269*	0.189	0.091	0.164	0.256**	0.281**	0.399**	0.375**	0.467**	0.384**	1		
15. 战略阶段	0.068	-0.215*	0.383**	0.424**	0.209*	0.216*	0.224*	0.296**	0.605**	0.52**	0.572**	0.464**	0.494**	0.179	1	
16. 技术融合模式	-0.030	-0.194	0.353**	0.248*	0.140*	0.263**	0.180	0.204*	0.523**	0.554**	0.633**	0.475**	0.539**	0.211**	0.513**	1
平均值	1.71	5.66	4.85	1.97	2.02	3.52	3.22	3.48	4.53	3.54	3.67	3.38	3.65	3.23	3.57	2.071
标准差	0.661	3.323	1.558	0.859	0.657	0.849	1.112	1.032	0.834	0.656	0.939	0.973	0.788	0.821	0.783	0.704

注：$N=163$。

Significance Level: * 表示 $p<0.05$，* * 表示 $p<0.01$（two-tailed tests）。

表 8-19 列出的相关关系表明：预测变量中市场需求差异化与技术融合模式选择之间呈正向关系（$r=0.140$，$p<0.05$）；市场需求变动性与技术融合模式选择之间呈显著正向关系（$r=0.263$，$p<0.01$）；行业竞争策略与技术融合模式选择之间为正向关系（$r=0.180$，ns[1]），但该正向关系并不显著；行业技术成熟度与技术融合模式选择之间为正向关系，其相关系数为 0.204（$p<0.05$）；技术积累水平与技术融合模式选择之间具有显著的正向相关性（$r=0.523$，$p<0.01$）；吸收/学习能力变量与技术融合模式选择之间所呈现的是显著正向关系（$r=0.554$，$p<0.01$）；资源投入水平与融合模式选择之间为显著正向关系（$r=0.633$，$p<0.01$）；战略目标导向与融合模式选择之间显著正相关（$r=0.475$，$p<0.01$）；战略市场领先与融合模式选择之间为显著正向关系（$r=0.539$，$p<0.01$）；战略市场追随与融合模式选择之间为显著正向关系（$r=0.211$，$p<0.05$）；战略阶段与融合模式选择之间为显著正向关系（$r=0.513$，$p<0.01$）。控制变量中年销售收入（$r=0.353$，$p<0.01$）和企业人数（$r=0.248$，$p<0.05$）与融合模式选择为正向显著关系。由此可见，除了行业竞争策略，预测变量中各维度均与企业技术融合模式选择具有正向关系。接下来，进一步把技术融合模式选择作为因变量，战略环境、战略资源与能力、战略目标、战略阶段的各个维度因素作为预测变量，所属行业、企业性质、企业规模（包括员工人数和年销售额）作为控制变量进行回归分析。

8.2.2 回归分析

接下来通过回归分析进行假设检验，采取分步骤回归的方法，首先将控制变量对因变量进行回归，然后将预测变量、控制变量放在一起对因变量进行回归。

表 8-20 列出了分步骤回归分析中得到的结果，包括变量的标准化回归系数、每个模型的总体拟合参数，以及两个模型比较的统计检验结果。

---

[1] ns＝not significant（不显著）。

表8-20 回归结果

自变量 ＼ 因变量	技术融合创新模式	
	Step 1	Step 2
Step 1：控制变量		
1. 企业性质	-0.031	-0.099
2. 所属行业	-0.174	-0.085
3. 企业规模——员工人数	0.077	0.088
4. 企业规模——年销售收入	0.301*	0.187†
Step 2：预测变量		
5. 战略环境——需求差异化		0.119
6. 战略环境——需求变动性		0.164**
7. 战略环境——行业竞争策略		0.095
8. 战略环境——行业技术成熟度		0.128*
9. 战略资源与能力——技术积累水平		0.164**
10. 战略资源与能力——吸收/学习能力		0.140**
11. 战略资源与能力——创新资源投入水平		0.296**
12. 战略目标——战略目标偏向		0.170**
13. 战略目标——战略市场领先		0.199**
14. 战略目标——战略市场追随		0.146
15. 战略阶段——战略发展阶段		0.106**
R^2	0.115*	0.536**
ΔR^2	0.115*①	0.421**②
F	8.963	33.014
ΔF	8.963	52.710

注：$N=163$。

① 与没有加入任何自变量的模型相比较。

② 与前一步回归模型相比较。

** 表示在 0.01 水平显著。

* 表示在 0.05 水平显著。

† 表示在 0.10 水平显著。

表8-20中，R^2是"决定系数"，表示因变量的总体变异程度被所有自变

量解释的程度,❶ 该值越大,表明自变量对因变量的解释成功率越高。一般而言,R^2 随着自变量个数的不断增加逐渐变大,因为新加入的自变量或多或少(最低为 0) 与因变量有关系,所以使因变量的被解释程度增加 (最低为 0)。ΔR^2 是两个模型间的 R^2 的比较,通过考察 ΔR^2 的数值大小以及显著情况,可以评估新加入自变量对于因变量解释程度的贡献。

从表 8-20 给出的结果可知,在控制变量中,年销售收入对因变量有正向影响 ($\beta = 0.301$,$p < 0.05$;Step 1),意味着相对于其他控制变量,企业规模中的销售收入变量对融合创新模式选择有更加积极的影响。

在战略环境变量方面,市场需求变动性和行业技术成熟度与融合创新模式选择之间的关系显著,而市场需求差异化和行业竞争策略的影响不显著。其中,市场需求变动性对融合模式的标准化回归系数 (β) 为 0.164 ($p < 0.01$;Step 2),行业技术成熟度对融合模式的标准化回归系数 (β) 为 0.128 ($p < 0.05$;Step 2),意味着当消费者偏好变动性较大、产品更新换代速度很快、行业技术较成熟时,企业更愿意实施高阶的融合创新模式,因而本研究的假设 H1b、H1d 获得数据支持。另外,市场需求差异性和行业竞争策略对融合创新模式的影响并不显著 ($\beta_{1a} = 0.119$,ns;$\beta_{1c} = 0.095$,ns)❷,表明市场需求和竞争策略的差异性对融合模式选择的影响并没有预想得那么显著。因此,本研究提出的假设 H1 得到部分支持,假设 H1b、H1d 获得数据支持,H1a、H1c 没有获得支持。

战略资源与能力的三个维度中,创新资源投入水平对融合模式选择的标准化回归系数 (β) 为 0.296 ($p < 0.01$;Step 2),技术积累水平对融合模式选择的标准化回归系数 (β) 为 0.164 ($p < 0.01$;Step 2),吸收/学习能力对融合模式选择的标准化回归系数 (β) 为 0.140 ($p < 0.01$;Step 2)。表明企业所拥有的创新资源和创新能力显著影响融合创新模式选择,创新能力包括对外部创新资源的感知、获取和利用能力。因此,本研究提出的假设 H2、H2a、H2b、H2c 获得数据支持。

---

❶ Step 1 中是指所有控制变量,Step 2 中包括了控制变量和预测变量的所有变量。

❷ ns = not significant (不显著)。

在战略目标和战略阶段两个维度中，战略目标偏向对融合创新模式选择的标准化回归系数（β）为 0. 170（$p<0.01$；Step 2），表明企业对长期目标和短期目标不同的偏向，会影响融合创新模式的选择。更注重长期技术发展的企业，倾向于选择高阶的融合模式，更注重短期技术实现的企业，倾向选择低阶的融合模式。因此，假设 H3、H3a、H3b 获得数据支持。战略市场领先对融合创新模式选择的标准化回归系数（β）为 0. 199（$p<0.01$；Step 2），战略市场追随对融合创新模式选择的影响不显著（$\beta=0.146$，ns）。说明领先型企业倾向于选择高阶的模式，而追随型企业的融合模式选择倾向不显著。因此，假设 H4 部分得到验证，H4a 得到数据支持，而 H4b 未获支持。战略发展阶段对融合创新模式的标准化回归系数（β）为 0. 106（$p<0.01$；Step 2），说明战略发展阶段与融合模式选择正相关，企业会随着战略阶段演进，进行融合模式转换。因此，本研究提出的假设 H5、H5a、H5b 获得数据支持。

总体上，以上显著影响结果变量的预测因素对于结果变量方差解释的贡献比率是 42. 1%，达到了很显著的程度（$p<0.01$），意味着这些因素对于结果变量的解释力较强。

8. 3   本章小结

本章运用统计方法和样本数据，验证本研究提出的假设，并对数据分析结果进行了一些简单的说明和探讨。根据本章的工作，能够使我们通过科学的方法判断假设是否成立，从而得出基于技术发展战略视角的企业技术融合创新模式选择影响因素的相关结论，为本研究的结论分析奠定科学方法的基础。

第 9 章
结论与展望

本章旨在讨论上一章实证分析得到的结果，并提炼出有价值的研究结论。在此基础上，探讨本研究的理论贡献和实践意义，并给出相关建议。最后，总结本研究的不足和局限之处，并提出未来研究的方向。

9.1 假设检验结果总结及讨论

9.1.1 假设检验结果总结

本研究共有 18 个假设，检验分析结果，共有 13 个获得支持，2 个获得部分支持，3 个没有获得支持。为了更清楚地说明研究结果，本研究将所有假设结果汇总在表 9-1 中。

表 9-1　本研究假设检验汇总表

编号	假设	检验结果
H1	行业竞争环境影响融合创新模式的选择	部分支持
H1a	消费者对产品的差异化和个性化要求越高，企业越倾向于选择较高阶的融合模式	未获支持
H1b	消费需求的变动性越大，企业越倾向于选择较高阶的融合模式	获得支持

编号	假设	检验结果
H1c	行业竞争者对非价格竞争的偏好程度越高，企业越倾向于选择较高阶的融合模式	未获支持
H1d	行业技术发展越成熟，越有利于企业进行高阶的融合创新	获得支持
H2	企业技术资源和能力水平越高，越有利于企业进行高阶的融合创新	获得支持
H2a	企业创新资源投入规模越大，越有利于企业进行更高阶的融合模式	获得支持
H2b	企业技术积累越雄厚，越有利于企业进行更高阶的融合创新模式	获得支持
H2c	企业吸收/学习能力越强，越有利于企业进行更高阶的融合创新模式	获得支持
H3	企业技术发展战略目标影响企业技术融合创新模式的选择	获得支持
H3a	着眼于技术持续发展的长期战略目标与高阶技术融合创新模式相匹配	获得支持
H3b	着眼于短期技术实现的战略目标与低阶技术融合创新模式相匹配	获得支持
H4	企业的战略市场定位影响技术融合创新模式选择	部分支持
H4a	技术领先型企业适合高阶技术融合创新模式	获得支持
H4b	技术追随型企业适合低阶技术融合创新模式	未获支持
H5	企业的技术发展战略阶段，对技术融合模式有影响	获得支持
H5a	企业技术发展的低级阶段，倾向采用低技术融合创新模式	获得支持
H5b	企业技术发展的阶段转换，会带动技术融合创新模式转换	获得支持

9.1.2 假设检验结果讨论

通过对国内163家企业的样本数据分析，得出一些研究结论。下面将围绕本研究的核心命题对第8章的实证结果讨论如下。

1. 战略环境对技术融合模式选择的影响

实证研究结果中，战略环境维度下有两个子假设通过了验证。这里的战略环境是影响企业技术发展战略的外部市场中的技术机会和可能的威胁。通过验证的有两个维度：市场需求变动性和行业技术成熟度。另外两个维度：市场需求差异化和行业竞争策略，则没有通过验证。

（1）市场需求差异化的影响。本研究在设计假设时分析认为，消费需求的差异化会促使厂商生产在物理特性、服务、品牌形象等方面具有差异化的产品，这为企业进行改良式或嫁接式等高阶的融合模式提供了市场机会和需求。另一方面，有研究表明差异化程度较大的产品，厂商开放技术标准的意愿也更强，这为企业选择改良式或嫁接式技术融合模式提供了技术机会和可能。

然而，实证结论却是这一假设并不被支持。这可能有两个原因：一是由于目前我国多数企业整体技术创新能力不高，从技术上满足消费者需求差异化的能力有限，多数企业还是在现有技术基础上进行微调，或通过品牌、质量、服务等手段进行差异化，而这种产品差异化对改良式或嫁接式融合模式的要求并不高。二是很多企业生产标准化程度较高的产品，其中包括有明显网络外部性特征的软件企业，以及作为供应商的机器设备、原材料提供企业等（Arthur，1992）。这些企业不注重产品差异化，而是通过扩大顾客范围树立并遵循行业标准，来提高产品兼容性以降低成本。这些企业之间是行业标准的竞争，谁能胜出将获得全部利润，所以企业进行嫁接式融合的动力是很高的。但在新标准出现以前，企业通过改良式创新对质量、性能等技术单元进行改善，对整体架构进行技术改善的不多。因此，这两个方面可能是导致市场需求差异化验证不显著的原因。技术创新是实现需求差异化的其中一种手段，而且是投入成本较高、风险较大的一种手段，很多企业出于成本考虑，还是会优先考虑服务、品牌等其他方式。

（2）市场需求变动性的影响。本研究中市场需求变动性对技术融合创新模式选择行为的假设得到了实证的支持。这与国内外已有的研究成果相一致（马文聪和朱桂龙，2011；Santoro 和 Megill，1993）。本研究中，市场需求的变动性包括两个方面：一个是消费者偏好的变动性；另一个是技术变动性。市场需求变动性使当前产品的市场接受性受到威胁，同时为新产品的出现提供了市场机会。同时这种变动性要求企业加快产品创新速度，并更快推出市场，因此促使企业采用改良式或嫁接式融合，在市场不确定的环境下，抓住市场机会，快速进行技术创新。因此市场需求变动性正向影响企业技术融合创新模式选择。

（3）行业竞争策略的影响。这里的行业竞争策略是行业大多数企业所偏向的竞争策略，包括价格策略和非价格策略。行业竞争策略由行业产品特性和竞争者采取的竞争策略决定。本研究分析认为行业偏向非价格竞争策略会提高企业自主创新的积极性，因而企业更愿意采用改良式或嫁接式融合。因此，本研究测量了行业对非价格竞争策略的偏向程度，认为行业对非价格竞争策略的偏好程度越高，企业越倾向于采用非价格竞争策略，进而会采用改良式或嫁接式融合模式。然而，该因素对技术融合模式选择的影响未被证实。

笔者认为实证结果不明显的原因可能有以下方面：一是，非价格竞争策略并不一定需要非常复杂的技术创新支撑，如品牌创新、服务创新、管理创新等。导致在现实中竞争策略对技术融合模式的影响可能不明显。某些行业主要通过质量、品牌、服务等方式进行对技术能力要求不高的非价格竞争，如食品行业等。二是，竞争者行为是企业决定采取何种技术创新方式的一个参考因素，最终如何决策还是受资源、能力等其他条件的限制。三是，价格策略仍是打击竞争对手和争取消费者的一种有力手段（Stuart Crainer，2002），很多情况下企业和消费者都愿意采用和接受价格竞争，而复制式融合的实施有利于降低成本、提高质量，为企业采用价格竞争提供有效手段。

（4）行业技术成熟度的影响。本研究行业技术成熟度对技术融合模式选择行为的假设得到了实证的支持。这里的行业技术不仅包括本行业，还包括其他相关行业的技术发展状况，行业技术发展成熟为技术融合创新提供了良好的技术环境，一方面企业可以从中获取达到技术应用标准的多种技术，另一方面通过构成融合创新成果发挥作用的技术条件，促进融合创新的成功及成果实现。成熟的技术环境为改良式和嫁接式融合提供了可能的技术资源和基础条件，从而正向影响技术融合模式的选择行为。

2. 战略资源与能力对技术融合模式选择的影响

主体因素三个假设：技术积累水平、创新资源投入水平和吸收/学习能力，均被证明对技术融合创新模式有显著正向影响。对于企业的战略资源和能力，从 Wernerfelt（1984）提出"资源基础论"开始，很多学者就认为企业资源和能力是竞争优势的核心，并把对战略研究的角度从外部行业环境转到了企业内部。创新资源和创新能力是企业进行技术创新并建立竞争优势的基础和必要条件（Barney，1991；Dosi，1992；Barton，1992）。技术融合创新同样需要企业创新资源和能力的支撑。本研究中将资源和能力分为技术积累水平、创新资源投入水平和吸收/学习能力三个维度。资源包括人、财、物、技术和信息等资源（张震宇和陈劲，2009）。技术既包括物化技术，也包括隐含在组织和员工中的技术知识。技术积累水平通过对企业技术资源的测度，表明了企业技术创新能力的高低。此外，吸收/学习能力表现了企业对外部技术机会和技术资源的发现、获取并利用的能力。不同的融合创新模式，需要不同的企业创新资源和能力作为其支撑条件。尤其是改良式或嫁接式融合，作为一种比较复杂的创新方式，对企业的资源和能力提出了更高的要求。实证结果证明了这一论断，即企业创新资源和能力水平越高，企业越有可能采取较高阶的融合模式。企业的吸收/学习能力不仅有利于企业发现进行改良式或嫁接式融合的技术机会，而且扩大了企业进行技术融合创新的技术资源基础。高质量的创新资源和高水平的创新能力，有利于企业通过对不同技术的创意整合和改进，实现创新机会，并以最快的速度推出市场。

3. 战略目标对技术融合模式选择的影响

实证研究结果表明，战略目标对融合创新模式选择行为的影响得到了部分验证。这里的技术发展战略目标包括两个维度：战略目标偏向和战略市场定位。其中战略目标偏向被证明影响显著，战略市场定位中，领先型企业与融合模式选择的关系得到验证，而追随型企业的融合创新行为假设没有被支持。

（1）战略目标偏向的影响。针对该因素，本研究设计了两个子假设：①着眼于技术持续发展的长期战略目标与高阶的融合模式匹配；②着眼于短期技术实现目标的战略目标定位于低阶的融合模式匹配。本研究在设计假设分析时认为，企业在选择不同融合模式进行创新或实施融合创新项目时，技术持续发展长期战略目标与短期技术实现目标并不总是一致的，有时会面临长期利益与短期利益的冲突（睢国余和蓝一，2004）。此时，企业不同战略目标偏向会影响企业选择不同的融合创新模式。注重长期持续发展战略目标的企业，会选择更有利于创新能力培养和竞争优势积累的改良式或嫁接式融合模式。更看重短期盈利能力或技术项目短期财务表现的企业，不太会持续投资于若干年之后才会见效益的创新项目，因此复制式融合和简单改良式融合创新是企业通常会选择的模式。本研究通过量表对企业战略目标偏向进行测量，分值越高，代表企业越注重技术发展的长期目标实现，分值越低，则代表企业注重短期目标实现。通过回归分析、实证检验，得出企业战略目标偏向与技术融合模式选择正相关的结论，证实了假设：企业越注重技术创新发展的长期战略目标，越倾向于选择高阶的融合模式；越注重技术实现的短期目标，越倾向于选择低阶模式。

（2）不同战略市场定位的影响。战略市场定位与技术融合模式选择行为的假设关系部分得到了实证支持。本研究将企业战略市场定位选择分为技术领先和技术追随。针对企业不同的市场定位目标做出子假设：①技术领先型企业倾向于高阶融合模式；②技术追随型企业适合低阶技术融合模式。领先型企业为了追求行业和市场领先，倾向于通过嫁接式融合开创全新的产品架构，或通过改良式融合，不断推进产品更新换代和性能升级。而技术追随型企业不期望成为行业领先，通过追踪和监测领先企业动向，对领先产品进行改进，或直接引进成熟技术模块进行生产，因此复制式或改良式融合是其选择的创新模式。

通过本研究的实证研究，关于技术领先型企业的假设（H4a）获得支持，而战略市场追随型企业的假设（H4b）没有被证实。这可能有以下原因：①很多企业，尤其是高技术行业中的企业，本身不想做行业领先者，但由于行业技术复杂的特性，使得企业在融合创新中必须自主研发很多技术。尽管企业都将自己定位于市场追随型企业，但高新技术行业中的企业本身比中、低技术行业企业要进行更多的研发，融合更高比重的自主创新技术。因此，在技术融合创新中，由于行业特性不同，导致同是市场追随型的不同行业的企业，会选择不同的融合创新模式。②技术追随型企业根据创新动机不同，可以分为不同的追随类型：主动型跟随、防御型跟随和被动型跟随（Mueller，1998）。主动型跟随企业会密切关注行业领先企业的创新动向，当发现技术机会时，能迅速对领先者的创新成果进行改进、利用和提升，这种企业投入较多的资源用于研发与创新；防御型跟随企业为了防止产品衰退的到来，进行技术改造和创新以延长技术生命周期；被动型跟随企业是在衰退到来时才采取技术改造。可见，同是追随型企业，不同创新动机的企业，自主创新技术在融合中所占的比重也会不同，表现为采用不同的融合模式。还有一个可能的原因：被试者中的一些企业，认为企业技术活动的高投入代表了高的自主技术份额，即使这些投入用于引进成熟的外部技术。

4. 战略阶段对技术融合模式选择的影响

企业所处的战略阶段与融合模式选择行为的影响关系在本研究中被证实，包括战略阶段对融合模式选择和模式转换的关系。针对该因素的两个方面，本研究设计了两个子假设：①技术发展战略阶段与融合模式的对应关系假设；②战略阶段转换带动融合模式转换假设。根据企业的实际状况，战略目标的实现可以划分为多个阶段的具体任务和子目标。本研究将战略阶段划分为战略初级、中级和高级阶段，每个阶段企业的资源条件、能力水平和外部市场环境不同，企业在每个阶段选择的融合模式也不同。随着企业的成长与发展，企业的内部条件和外部环境不断积累和变迁。当条件成熟，并完成该阶段的战略任务后，战略发展过程会顺势进入下一阶段，开始下一阶段的战略任务，企业融合模式也会转换到与该阶段任务相适应的模式。本研究通过对企业所处战略发展阶段的测量、分析、假设检验，得出结论：企业战略阶段与融合模式存在正向关系，表明企业在战略发展初级阶段选择低阶融合模式，在战略发展高级阶段选择高阶模式；同时说明，企业会随着战略发展阶段的变迁，进行融合模式转换。

9.2　研究贡献

9.2.1　理论贡献

1. 技术融合创新模式的划分及界定

目前国内外理论界对融合创新理论的研究较为丰富，对融合创新模式划分的研究相对较少，已有的研究从融合中技术之间的关系、技术来源、获取方式等角度划分融合模式。本书对融合模式划分的研究，是从企业融合创新过程特点出发，从企业对技术系统中被融合的专门技术及整体架构可能的创新程度差异角度提出三种融合创新模式。

融合创新模式是一种企业进行技术融合创新的方式。这里的模式含义是解决某一类问题的方法，在技术创新领域是对创新过程中涉及的诸多资源要素选择的一种整合方式，并以最低的成本解决创新问题，带来最大的收益。技术融合创新模式是对融合过程中诸多资源要素的选择、组合、配置方式差异的描述。具体来讲就是对技术融合创新过程中，企业对多种技术资源包括元件技术和架构技术的创新程度差异的描述。

融合创新模式的划分丰富了技术融合创新理论，对于分析和比较企业融合创新行为提供了理论依据，并对进一步研究企业的融合创新模式选择及其影响因素分析提供了理论基础。

2. 从技术发展战略视角对融合创新模式选择理论的系统研究

已有文献中，对融合创新模式选择影响因素的研究多集中于环境变量和组织变量（傅家骥、张妍、张明华等），从技术发展战略视角分析影响融合模式选择因素的研究还不多见。本书综合前人有关研究界定了融合创新模式定义，对影响融合创新模式选择的因素进行了系统分析，在融合创新领域丰富了创新模式选择理论的研究，并完善了技术发展战略理论。

本研究的理论基础主要有两个方面：一个是融合创新理论，另一个是技术发展战略理论。目前理论界对于技术融合创新模式划分机制的研究有很多（Greenstain 和 Wade，1998；厉无畏，2002；汤文仙，2006；等），但缺乏从对构成技术融合系统的不同技术单元和技术架构的创新程度角度研究融合创新模式的划分；而技术发展战略理论，对于创新行为的前沿研究集中于两个方面，一个是技术发展战略制定与选择理论（McDonald 和 Siegel，1986；等），该理论分析了企业制定和选择创新战略时所考虑的因素，以及用到的分析工具，对企业战略分析方法进行了全面的分析与总结；另一个是技术发展战略与企业技术能力与创新绩效的关系研究（Maidique 和 Patch，2003；等），这些研究表明企业明确而清晰的战略存在对创新绩效具有显著的正向影响，而战略与能力的一致性有助于提高企业新产品开发的效率。三种不同的融合模式，实际上是不同的创新战略模式。企业确定并选择融合创新模式的过程，也是确定创新战略模式的过程。因此，有必要将技术发展战略理论应用于融合创新模式选择过程进行研究。目前从这一角度研究融合创新模式的理论还较少。

本研究从技术发展战略视角出发，结合已有的融合创新理论和技术发展战略理论的有关研究成果，并横向借鉴决策理论的有关研究，着眼于中国创新环境的实际，从技术发展战略视角全面系统地建立影响企业融合创新模式选择行为的因素模型，并以实证的方法加以检验，较为系统完整地完成了对中国企业融合创新模式选择的战略因素的研究。把融合创新模式选择机制作为一个相对独立的研究对象，把融合创新特征的研究成果和技术发展战略理论的基本规律结合起来，是对融合创新理论的有力发展和补充，在完善企业技术发展战略理论内容的同时，为深化学术界对技术融合创新模式选择问题的研究提供了有益参考。

3. 融合创新模式选择模型的建立和验证

本书对企业融合创新模式选择行为的影响因素进行了系统研究，从技术发展战略角度，建立了融合创新模式选择影响因素模型，并实证分析验证了影响因素的多维结构。

目前国内外相关文献中，无论是融合创新研究领域还是技术发展战略领域，鲜有对企业融合创新模式选择行为的系统研究及模型建立。本研究在充分吸收借鉴融合创新理论和技术发展战略研究成果的基础上，从学科跨度较大的非常分散的相关研究文献中借鉴前人的研究成果，经过分析论证，较为全面且开创性地建立了本研究的企业融合创新模式选择的战略因素框架模型，模型将影响因素分为四个维度共 11 个研究变量进行分析，涵盖了战略环境、战略资源和能力条件、技术战略目标和战略阶段等方面，并通过实证的方法验证了研究假设。

本研究模型的建立，对于技术发展战略理论在融合创新领域的扩展起到了一定的探索作用，为今后更进一步的系统研究开创了一种新的思路和方法。

9.2.2　实践意义

根据本研究的假设及实证结果，我们进一步阐述这些结论对企业开展技术创新活动及国家制定创新政策的意义。

1. 企业技术融合创新模式与技术发展战略有效结合

在市场环境变化日益剧烈的条件下，企业应高度重视技术融合创新的应用，并与技术发展战略结合，保持融合创新模式与技术发展战略的适应性，形成企业持续发展竞争优势。技术发展战略指导下的融合创新模式选择，促使企业科学配置内外部技术资源，合理确定技术融合创新目标和阶段任务，使企业的技术融合创新与企业资源能力相匹配，与外部环境相协调，不至于太超前，也不会太落后。并在这一过程中，循序渐进地积累竞争优势和核心能力。因此，与技术发展战略相结合的融合模式选择，不仅使企业在现有条件下获得生存，而且有利于企业逐渐积累未来持续发展的资源和能力。不恰当的融合模式，不仅会导致技术创新失败，而且消耗企业核心能力和竞争优势，甚至威胁企业生存。类似的案例在现代市场竞争中比比皆是，这一考验要求企业必须重视技术融合模式的选择。将技术发展战略作为指导方针与原则，并将战略分析方法应用于融合模式选择过程中，是企业提高融合模式选择准确性、适应外部环境变化、保持持续健康发展的有效方式。

2. 保持对战略环境的敏感性

战略环境对企业技术融合创新模式选择的显著相关性已经得到本研究的证实。外部环境的变化不但给企业带来了威胁，同时也带来了发展机会。那些对环境变化保持敏感性，并及时做出反应的企业能够保持持续竞争优势。

（1）及时了解市场需求的变动情况。由于技术融合创新是一种与市场需求密切相关的创新，企业应及时掌握市场需求的变化情况，根据消费偏好、技术进步速度、产品更新换代的快慢情况，选择恰当的融合创新模式。企业及时了解市场需求的变动性，这将至少有两方面的作用：一方面有利于企业及时对于市场需求变化做出战略反应，选择恰当的融合创新模式，抓住可能的市场盈利机会；另一方面有利于企业培养把握变化的敏感性和处理变化的灵活性，积累动态能力，避免陷入发展惯性。企业应建立有效的市场环境监测系统，通过引入先进市场机会评估方法，了解和预测市场需求变动情况。企业内部销售部门是与市场直接接触的组织，对市场变化反应最敏感，企业应建立有效的内部组织间协调沟通机制，促进销售部门和技术研发部门的有效沟通，保证市场需求和融合创新模式的合理对应和匹配。

（2）掌握行业技术的发展状况。研究表明，企业融合创新模式选择受到本行业和相关行业技术发展状况的影响。更加成熟的技术环境为企业进行融合创新提供了丰富的技术资源和良好的发展环境，一定程度上降低了研发成本，在实施融合创新时弱化了技术缺乏带来的负面影响。就行业技术而言，要从总体上把握与本企业主营业务相关的技术前沿。同时，对相关技术的了解，有利于增加企业异质性资源的积累，避免企业被技术锁定，保持企业创新的灵活性，在更大范围内及时发现技术机会。企业可借鉴国外领先企业的技术监测机制，同时可以通过派遣员工进行跨地区跨行业学习、相关技术培训、知识交流等方式掌握行业技术发展状况，为技术融合创新提供技术和机会支持。

（3）有研究表明，市场需求差异性和行业竞争策略影响企业的技术创新行为。虽然在本研究中这两个因素对技术融合创新模式选择的影响不是很显著，可能与回收问卷数据有不少是间接面向终端市场的企业有关。现实中，很多企业采用差异化策略或非价格竞争策略来建立企业产品或服务的独特优势，均取得一定程度的垄断利润。同时，差异化策略有利于企业提高创新能力，建立核心竞争优势。而技术融合创新，尤其是改良式融合或嫁接式融合，有利于企业创造出差异化产品，为企业采取差异化竞争策略提供了有力的创新途径。

3. 合理配置企业内部资源，发展技术创新能力

企业内部创新资源和创新能力，直接关系到技术融合创新的资源基础和能力支撑。企业不断积累创新资源和能力基础是技术融合创新走上良性发展道路的客观条件。

（1）正确评价企业内部可支配的创新资源和创新能力。企业创新资源和能力是企业进行融合创新的重要基础。企业要选择正确的融合创新模式，就要对自身的战略资源和能力有明晰的认识和判断，并结合技术发展战略，将适度的资源和能力应用于相应的融合创新模式实施中。处于成长期的企业，容易夸大自身的能力，往往将创新资源投资于过多、难度过大的创新项目，等到后来才意识到企业不具备操作这些项目的能力，造成了资源的严重浪费。而处于成熟后期或衰退期的企业，会出现投资保守的情况，沉溺于已有的市场成功，而忽略了可能的市场或技术机会的投资时机。因此，结合技术发展战略，合理调配和利用创新资源，对融合创新具有重要意义。创新资源和能力在融合创新中的合理配置有利于创新项目的成功，进一步促进资源的积累和能力的提升，这是一个循环上升的过程。企业应建立完善的创新机制，包括战略选择机制、创新资产和项目评价机制、风险控制机制等。此外，创新资源和能力的配置和运用，是企业创新体系的重要组成部分，需要组织结构、创新文化等的支持与配合。

（2）不断增强对外部创新资源的吸收和学习能力。融合创新涉及多技术资源和多技术主体的融合与交流。企业作为技术融合创新的主体，需要联合不同领域、各种类型的创新资源，而外部技术源是融合创新资源有效配给的重要途径。企业应增强对外部技术的搜寻、获取和支配能力，进而健全企业技术机会的发现机制和融合创新成果的实现机制。外部技术多表现为专利、版权、技术诀窍等无形资产形式，或配件、套件、模块等有形资产形式。企业可以通过不同企业的技术交流和项目合作，借以吸收和学习相关技术；或得到技术交易、技术咨询、技术培训、技术转移等技术中介服务的支持，以增强技术融合创新收益的实现途径，缩短融合创新成果的转化周期。

4. 制定合理的技术发展战略目标

技术发展战略目标为企业技术创新指明了前进的方向。战略目标对技术融合创新模式的显著相关性已得到本研究的证实。企业融合创新过程，无论是多技术选择还是技术融合创新过程，都应围绕技术发展战略目标进行。偏离技术战略目标的创新活动，不仅造成资源浪费，而且导致错过核心竞争力形成的机会。

（1）平衡长期技术发展目标与短期技术实现目标的关系。注重技术持续发展的长期目标的企业，会选择有利于树立企业竞争地位的创新项目，这些项目通常需要进行改良式或嫁接式融合创新。尽管需要持续投入资源，但为了企业长远发展，创新者仍会选择投资于这些项目。注重技术实现的短期目标的企业，会选择可以尽快带来良好经济效益的创新项目，这些项目通常可以用复制式融合或较简单的改良式融合完成，而忽略那些尽管从长远来看有益，但需要持续投入大量成本的项目。企业选择何种目标既与决策者的战略意愿有关，也与企业目前阶段的首要任务是增长还是发展有关。对企业来说，最优的选择是那些可以兼顾长期发展与短期盈利的创新项目。当二者冲突时，企业要结合资源状况和外部市场环境选择最优项目。企业可以通过波士顿矩阵、竞争矩阵或其他方法进行创新项目或业务投资组合评价，选择最适合企业的创新项目和融合模式。

（2）找准战略市场定位。企业战略市场定位在本研究中得到了部分支持。实践中，企业在竞争中找准自己的技术发展战略定位，对创新行为具有重要影响。总体来讲，战略市场定位对企业融合创新模式是有影响的，尤其是当企业定位于市场领先时，企业总是会选择嫁接式融合等更高阶的融合模式。即使企业定位于市场追随，企业也会根据不同行业背景以及追随动机，实施不同的融合模式。企业找准战略定位应加深三个方面的认识：一是准确识别市场需求和竞争对手技术发展态势，并预测未来发展的外延和范围；二是明确企业在定位主张中所凭借的竞争资源和核心竞争优势；三是制定相应的技术发展战略规划及融合创新发展路径，以支持定位主张。企业应制定规则、程序等配套措施使融合创新模式与战略市场定位相匹配，以实现企业的技术发展战略目标。

5. 制订战略发展阶段计划，合理安排阶段任务

技术发展战略目标的超前性，需要企业对战略目标进行合理分解，并对企业发展过程进行阶段划分。本研究对技术发展战略的动态演进过程与三种技术融合创新模式关系的分析和实证检验表明，在技术发展战略启动阶段，企业通常选择复制式融合等较低阶的模式；在战略中级阶段，选择改良式模式；在战略高级阶段，选择嫁接式模式。因此，在实践中，企业应当把技术融合创新放到技术发展战略的实现路径和过程阶段中，通过评估、选择、反馈等程序使融合创新模式与技术发展战略的整个过程紧密配合。具体来说就是，企业应结合技术发展战略规划，认真分析适合自身的技术发展战略实现路径，然后根据战略阶段演进路径，配以恰当的融合创新转换路径和实施方向，以达到合理安排融合创新过程，有效分配创新资源，获得最大的社会效益和经济效益的目标。

6. 政府部门应健全有利于技术融合创新的政策环境

从宏观与政策制定角度讲，我国有关政府部门应关注全球范围内的技术与市场环境变化，及时调整并完善有利于企业实施各类融合创新模式的政策条件，如相关法律法规、监管制度和方针政策等。全球性市场竞争中，我国企业面临国内外竞争对手的强大压力，提高我国企业在世界范围内的竞争力成为政府有关部门的重要任务之一。从本研究的基于技术发展战略视角的融合创新模式选择角度出发，在技术加速流动、需求快速变动、竞争日益激烈的情况下，技术融合创新是企业在瞬息万变的知识经济时代，赢得持续性竞争优势的有力途径。因此，从宏观与政策制定方面考虑，我国相关政府机构应制定相关政策鼓励与支持我国企业进行技术融合创新，并为企业进行各种融合创新模式提供稳定的政策环境。比如完善技术市场体系，健全技术贸易机制，促进技术有效流转与应用；调整行业间政策监管，促进不同行业企业的沟通和交流；平衡产权保护制度，鼓励企业自主创新。通过政策协调营造开放性的外部环境，为我国企业融合创新模式的实施创造有利条件。

9.3 研究局限及研究展望

9.3.1 研究局限

本研究从技术发展战略视角对技术融合创新模式选择的影响因素进行研

究，是一个较前沿的研究领域，涉及融合创新理论、技术发展战略理论、行为决策理论等多个理论的研究课题。由于研究者自身能力和水平等各方面的限制，本研究尚有不少局限，主要有以下几个方面：

（1）研究设计上存在的不足。很多因素影响融合创新模式的选择。通过对本研究实证结论的深入分析，发现行业技术特性可能是引起本研究有些结论不显著的原因，例如，没有将行业分为高技术行业和传统行业；由于高、低技术行业在产品特性、技术环境、竞争环境等方面存在很多差异，导致不同行业的融合创新行为不同。例如，同是市场追随型的企业，高技术行业中的企业投入更多的资源进行融合创新活动，而传统行业的技术创新频率和强度比较低。而且，由于传统行业的产品形态较稳定，创新更多围绕产品质量、品牌、服务进行，而这些对企业技术创新能力的要求较低。这在一定程度上影响本研究关于市场追随型企业、市场需求差异性、行业竞争策略等因素对融合模式选择的假设检验结果。

（2）研究方法不足之处。在研究方法的选择上，本研究主要从相关文献和著作中参考已有量表，没有对量表进行进一步的设计和改善，以探索出更加适合我国实际情况的量表；限于客观条件，本研究缺乏对创新企业的案例研究，深入企业实际不够；另外，回收的小部分问卷来源于网络问卷，难以实现对问卷填写的现场控制，这部分被试者对融合创新内涵的理解程度参差不齐，对本次调查研究的数据质量造成了一定影响。

（3）样本数据不足之处。为了保证问卷有效回收率和样本容量，本研究主要通过老师、朋友、同学、亲戚等将调查问卷向在企业工作的人员发出，回收的样本在地区、行业等方面比较集中，本研究虽然回收了 163 份有效问卷，从数量上达到了实证分析的要求，但是随机性和样本量还显不够。未来如果能够有条件在更大范围进行更大规模的抽样调查会有利于消除误差，有助于获得更加准确的数据。

9.3.2　研究展望

由于研究者自身水平所限，以及该问题属于探索性研究，因此本研究还有许多尚未解决的问题。同时，也受到样本数据可获得性的限制，原有的一些研究设想并未完成，希望能在今后的研究中逐步完善。

（1）提高统计样本质量。选取更科学的抽样方法，扩大样本的采集范围，增加样本数量。本研究采取"随机抽样"和"方便抽样"两种方式相结合的方法，通过多种渠道，对不同行业对象进行问卷发放与回收工作，样本涉及十余种行业、不同所有制和规模的企业，反馈的有效问卷能满足数据统计和分析所需要的样本量，但是客观上存在时间和经费困难的约束，问卷样本的数量和代表性有限，抽样仍然有误差。未来研究中可以扩大样本采集范围，按照随机抽样的原则，增加样本数量，从而使样本更加具有代表性和普遍性。

（2）将更多的变量纳入模型中。创新融合模式选择的影响因素是一个多维度结构，而且因素之间的影响机制复杂，本研究受研究者能力限制，没有将更多的因素纳入分析模型，如行业技术特性、创新动机等因素，而这些因素可能会影响本研究的实证分析结果。因此，后续研究中应加入可能的影响变量，以进一步验证这些因素对本模型的影响，以及在此基础上再次验证本研究的假设结论。

（3）纵向比较研究。本研究是一个基于截面数据的过程研究，缺乏纵向间的动态比较。未来应补充案例分析，采取纵贯式研究，有针对性地深入研究具体行业尤其是技术融合创新较活跃的行业，对影响融合创新模式选择的因素进行深度分析，以进一步增强结论的针对性与对实践的指导意义。这必然对企业、产业和国家的创新能力提升和经济发展有所贡献。

综上，企业技术融合创新模式选择研究问题还处于探索阶段，对其度量和定量研究还较为抽象，而且具有一定难度。还有很多空白点和基础工作有待进一步填补和完善。本研究希望能对我国理论界和实务界关于企业技术融合创新模式选择问题的定量研究提供一定的帮助，在后续的研究方向上，笔者愿意和致力于相关领域研究的学者一起做进一步的探讨和探索。

9.4　本章小结

本章总结了本研究的主要结论，阐述了基于技术发展战略视角的企业技术融合创新模式选择问题研究的理论贡献和现实意义。同时，指出了研究中的不足，并展望了将来的研究领域和方向。

参考文献

[1] Aaker D A. Developing business strategies [M]. New Jersey: Wiley, 1984.

[2] Ansoff H I. Corporate strategy: Business policy for growth and expansion [M]. New York: McGraw-Hill Book, 1965.

[3] Ansoff H I. Corporate strategy: An analytic approach to business policy for growth and expansion [M]. London: Penguin Books, 1970.

[4] Arora A, Fosfuri A, Gambardella A. Markets for technology: The economics of innovation and corporate strategy [M]. Massachusetts: MIT press, 2004.

[5] Barney J. Firm resources and sustained competitive advantage [J]. Journal of management, 1991, 17 (1): 99-120.

[6] Bell M, Pavitt K. Technological accumulation and industrial growth: contrasts between developed and developing countries [J]. Technology, globalisation and economic performance, 1997: 83-137.

[7] Best M. The new competitive advantage: The renewal of American industry [M]. Oxford: OUP Catalogue, 2001.

[8] Burgelman R A. Intraorganizational ecology of strategy making and organizational adaptation: Theory and field research [J]. Organization science, 1991 2 (3): 239-262.

[9] Carlsson B. Technological systems and economic performance: The case of factory automation [J]. Springer, 1995 (5).

[10] Chandler A D Jr. Strategy and structure. Chapters in the history of the American industrial enterprise [M]. Cambridge: Cambridge/Mass, 1962.

[11] Chesbrough H W. Open innovation: The new imperative for creating and profiting

from technology [M]. Boston: Harvard Business Press, 2003.

[12] Child J. Organizational structure, environment and performance: the role of strategic choice [J]. Sociology, 1972, 6 (1): 1-22.

[13] Christensen C M. The rigid disk drive industry: a history of commercial and technological turbulence [J]. Business history review, 1993, 67 (4): 531-588.

[14] Christensen C M. Making strategy: Learning by doing [J]. Harvard business review, 1997, 75 (6): 141-156.

[15] Christensen C M, Rosenbloom R S. Explaining the attacker's advantage: Technological paradigms, organizational dynamics, and the value network [J]. Research policy, 1995, 24 (2): 233-257.

[16] Christensen C M, Suárez F F, Utterback J M. Strategies for survival in fast-changing industries [J]. Management science, 1998, 44 (12): 207-220.

[17] Cohen W M, Levinthal D A. Absorptive capacity: A new perspective on learning and innovation [J]. Administrative science quarterly, 1990: 128-152.

[18] Cooper R G. The performance impact of product innovation strategies [J]. European journal of marketing, 1984, 18 (5): 5-54.

[19] Cooper R G, Kleinschmidt E J. New product performance: keys to success, profitability, cycle time reduction [J]. Journal of marketing management, 1995, 11 (4): 315-337.

[20] Crainer S. Business the Jack Welch way [M]. Ottawa: Vocal Eyes Productions, 2002.

[21] Dess G G, Beard D W. Dimensions of organizational task environments [J]. Administrative science quarterly, 1984: 52-73.

[22] Dosi G. Sources, procedures, and microeconomic effects of innovation [J]. Journal of economic literature, 1988: 1120-1171.

[23] Dowrick S, Rogers M. Classical and technological convergence: Beyond the Solow-Swan growth model [J]. Oxford economic papers, 2002, 54 (3): 369.

[24] Dwyer L, Mellor R. Organizational environment, new product process activities, and project outcomes [J]. Journal of product innovation management, 1991, 8

(1)：39-48.

[25] Economides N. The economics of networks [J]. International journal of industrial organization, 1996, 14 (6)：673-699.

[26] Edquist C. Systems of innovation：Technologies, institutions and organizations [M]. London：Psychology Press, 1997.

[27] Ernst H Lichtenthaler U, Vogt C. Retracted：The impact of accumulating and re-activating technological experience on R&D alliance performance [J]. Journal of management studies, 2011, 48 (6)：1194-1216.

[28] Fai F & von Tunzelmann, N. Industry-specific competencies and converging tech-nological systems：evidence from patents [J]. Structural change and economic dynamics, 2001, 12 (2)：141-170.

[29] Fosfuri A & Tribó J A. Exploring the antecedents of potential absorptive capacity and its impact on innovation performance [J]. Omega, 2008, 36 (2)：173-187.

[30] Frauens M W. Improved selection of technically attractive projects using knowledge management and net interactive tools [D]. Cambridge：Massachusetts Institute of Technology. 2000.

[31] Freeman C, Soete L. The economics of industrial innovation [M]. London：Psy-chology Press, 1997.

[32] Freeman R E, Gilbert D R. Corporate strategy and the search for ethics [M]. New Jersey：Prentice Hall Englewood Cliffs, 1988.

[33] Fujimoto T, Iansiti M, Clark K B. External integration in product development [J]. Managing product development, 1996：121-161.

[34] Galbraith J R. Designing the innovating organization [J]. Organizational dynamics, 1983, 10 (3)：5-25.

[35] Gilbert J T. Choosing an innovation strategy：Theory and practice [J]. Business horizons, 1994, 37 (6)：16-22.

[36] Gino F, Argote L, Miron-Spektor E, Todorova G. First, get your feet wet：The effects of learning from direct and indirect experience on team creativity [J]. Or-ganizational behavior and human decision processes, 2010, 111 (2)：102-115.

[37] Glazer R, Weiss A M. Marketing in turbulent environments: decision processes and the time-sensitivity of information [J]. Journal of marketing research, 1993: 509-521.

[38] Glueck W F. Business policy: Strategy formation and management action [M]. New York: McGraw-Hill, 1976.

[39] Grant R M. Toward a knowledge-based theory of the firm [J]. Strategic management journal, 1996 (17): 109-122.

[40] Greenstein S M, Wade J B. The product life cycle in the commercial mainframe computer market, 1968-1982 [J]. The RAND journal of economics, 1998: 772-789.

[41] Grin J, Grunwald A. Vision assessment: Shaping technology in 21st century society [J]. Towards a repertoire for technology assessment, 2000, 6 (3): 124-149.

[42] Hacklin F, Raurich V, Marxt C. Implications of technological convergence on innovation trajectories: The case of ICT industry [J]. International journal of innovation and technology management, 2005, 2 (3): 313-330.

[43] Hamel G, Prahalad C K. Competing for the future [M]. Boston: Harvard Business Press, 1996.

[44] Henderson R M, Clark K B. Architectural innovation: The reconfiguration of existing product technologies and the failure of established firms [J]. Administrative science quarterly, 1990: 9-30.

[45] Hitt M A, Ireland R D. Corporate distinctive competence and performance: Effects of perceived environmental uncertainty (PEU), size, and technology [J]. Decision sciences, 1984, 15 (3): 324-349.

[46] Humphrey J, Memedovic O. The global automotive industry value chain: what prospects for upgrading by developing countries [J]. UNIDO Sectorial Studies Series Working Paper, 2003.

[47] Iansiti M. Technology integration: Managing technological evolution in a complex environment [J]. Research policy, 1995, 24 (4): 521-542.

［48］ Iansiti M. Technology integration ［M］. Boston: Harvard Business School Press, 1998.

［49］ Iansiti M. Technology integration: making critical choices in a dynamic world ［M］. Boston: Harvard Business Press, 1998.

［50］ Isabella L A, Waddock S A. Top management team certainty: environmental assessments, teamwork, and performance implications ［J］. Journal of management, 1994, 20 (4): 835–858.

［51］ Jansen J J, Van Den Bosch F A, Volberda H W. Exploratory innovation, exploitative innovation, and performance: Effects of organizational antecedents and environmental moderators ［J］. Management science, 2006, 52 (11): 1661–1674.

［52］ Jawahar I, McLaughlin G L. Toward a descriptive stakeholder theory: An organizational life cycle approach ［J］. Academy of management review, 2001, 26 (3): 397–414.

［53］ Jaworski B J, Kohli A K. Market orientation: Antecedents and consequences ［J］. The journal of marketing, 1993: 53–70.

［54］ Kim D H. The link between individual and organizational learning ［J］. The strategic management of intellectual capital, 1998: 41–62.

［55］ Kodama F. Emerging patterns of innovation: sources of Japan's technological edge ［M］. Boston: Harvard Business Press, 1995.

［56］ Kogut B, Zander U. Knowledge of the firm and the evolutionary theory of the multinational corporation ［J］. Journal of international business studies, 1993 (24): 625–625.

［57］ Kohli A K, Jaworski B J. Market orientation: The construct, research propositions, and managerial implications ［J］. The Journal of marketing, 1990: 1–18.

［58］ Kohli A K, Jaworski B J, Kumar A. MARKOR: A measure of market orientation ［J］. Journal of marketing research (JMR), 1993, 30 (4).

［59］ Kotler P. Marketing management ［M］. New York: Pearson Education, 2001.

［60］ Lane P J, Lubatkin M. Relative absorptive capacity and interorganizational learning ［J］. Strategic management journal, 1998, 19 (5): 461–477.

［61］ Iansiti M. Shooting the Rapids: Managing product development in turbulent environments ［J］. California management review, 1995, 38 (1).

［62］ Lawless M W, Fisher R J. Sources of durable competitive advantage in new products ［J］. Journal of product innovation management, 1990, 7 (1): 35-44.

［63］ Lee S M, Olson D L. Convergenomics: Strategic innovation in the convergence era ［M］. Gower Publishing, Ltd, 2010.

［64］ Lei D T. Industry evolution and competence development: the imperatives of technological convergence ［J］. International Journal of Technology Management, 2000, 19 (7/8): 699.

［65］ Lerner J, Tirole J. Some simple economics of open source ［J］. The journal of industrial economics, 2002, 50 (2): 197-234.

［66］ Lu S C. Collective rationality of group decisions in collaborative engineering ［J］. International journal of collaborative engineering, 2009, 1 (1): 38-74.

［67］ Maidique M A, Patch P. Corporate strategy and technological policy ［J］. Readings in the management of innovation, 1982: 273- 285.

［68］ Malerba F, Orsenigo L, Peretto P. Persistence of innovative activities, sectoral patterns of innovation and international technological specialization ［J］. International journal of industrial organization, 1997, 15 (6): 801-826.

［69］ Mansfield E. Industrial research and technological innovation; an econometric analysis ［M］. New York: RS Means Company, 1968.

［70］ McDonald R, Siegel D. The value of waiting to invest ［J］. The quarterly journal of economics, 1986, 101 (4): 707-727.

［71］ McGee J E, Dowling M J, Megginson W L. Cooperative strategy and new venture performance: The role of business strategy and management experience ［J］. Strategic management journal, 1995, 16 (7): 565-580.

［72］ McWilliams A, Siegel D. Corporate social responsibility: A theory of the firm perspective ［J］. Academy of management review, 2001, 26 (1): 117-127.

［73］ Mendelson H. Organizational architecture and success in the information technology industry ［J］. Management science, 2000, 46 (4): 513-529.

［74］ Meyer M H, Lope L. Technology strategy in a software products company ［J］. Journal of product innovation management, 1995, 12（4）: 294-306.

［75］ Miller D, Friesen P H. A longitudinal study of the corporate life cycle ［J］. Management science, 1984, 30（10）: 1161-1183.

［76］ Modesto A. The exaggerated of geography: learning, proximity and territorial innovation systems ［J］. Journal of ecnomic geography, 2004, 4（1）: 3-21.

［77］ Mintzberg H. The strategy process: concepts, contexts, cases ［M］. New York: Pearson Education, 2003.

［78］ Moorman C, Miner A S. The impact of organizational memory on new product performance and creativity ［J］. Journal of marketing research, 1997: 91-106.

［79］ Motohashi K. Innovation strategy and business performance of Japanese manufacturing firms ［J］. Economics of innovation and new technology, 1998, 7（1）, 27-52.

［80］ Mueller M. Digital convergence and its consequences ［J］. The public, 1999, 6（3）: 11-28.

［81］ Nagle T T, Holden R K. The strategy and tactics of pricing（Vol. 29）［M］. New Jersey: Prentice-Hall Englewood Cliffs, 1995.

［82］ Narayanan V K. Managing technology and innovation for competitive advantage ［M］. New Jersey: Prentice-Hall Englewood Cliffs, 2000.

［83］ Nishiguchi T. Strategic industrial sourcing: The Japanese advantage ［M］. Oxford: Oxford University Press, 1994.

［84］ Noori H. Managing the dynamics of new technology: Issues in manufacturing management ［M］. New Jersey: Prentice Hall Englewood Cliffs, 1990.

［85］ O'Connor G C. Market learning and radical innovation: A cross case comparison of eight radical innovation projects ［J］. Journal of product innovation management, 1998, 15（2）: 151-166.

［86］ Ormerod P, Rosewell B. Innovation, diffusion and agglomeration ［J］. Economics of innovation and new technology, 2009, 18（7）: 695-706.

［87］ Pavlou P A, El Sawy O A. From IT leveraging competence to competitive advantage in turbulent environments: The case of new product development [J]. Information systems research, 2006, 17 (3): 198-227.

[88] Pollitt C. Clarifying convergence. Striking similarities and durable differences in public management reform [J]. Public management review, 2001, 3 (4): 471-492.

[89] Porter M E. What is strategy? [J]. Harvard Business Review, 1996.

[90] Porter M E. Clusters and the new economics of competition [J]. Harvard Business Review, 1998, 76.

[91] Prahalad C, Hamel G. The core competence of the corporation [J]. Boston (MA), 1990: 235-256.

[92] Preece D. Organizations and technical change: Strategy, objectives, and involvement Cengage Learning EMEA [M]. Massachusetts: Cengage Learning EMEA, 1995.

[93] Quinn J B, Mintzberg H, James R M. The strategy process: concepts, contexts, and cases [M]. New Jersey: Prentice-Hall Englewood Cliffs, 1988.

[94] Rajaratnam D, Chonko L B. The effect of business strategy type on marketing organization design, product-market growth strategy, relative marketing effort, and organization performance [J]. Journal of marketing theory and practice, 1995: 60-75.

[95] Rivard S, Raymond L, Verreault D. Resource-based view and competitive strategy: An integrated model of the contribution of information technology to firm performance [J]. The journal of strategic information systems, 2006, 15 (1): 29-50.

[96] Robert Baum J, Wally S. Strategic decision speed and firm performance [J]. Strategic management journal, 2003, 24 (11): 1107-1129.

[97] Roco M C, Bainbridge W S. Converging technologies for improving human performance: Integrating from the nanoscale [J]. Journal of nanoparticle research, 2002, 4 (4): 281-295.

[98] Rosenberg N. Technological change in the machine tool industry, 1840-1910 [J]. The journal of economic history, 1963, 23 (04): 414-443.

[99] Rosenberg N. Exploring the black box: Technology, economics, and history [M]. Cambridge: Cambridge University Press, 1994.

［100］ Rumelt R P. Strategy, structure, and economic performance ［M］. Cambridge: Harvard University Press, 1974.

［101］ Rycroft R W, Kash D E. The complexity challenge: Technological innovation for the 21st century ［M］. Massachusetts: Cengage Learning EMEA, 1999.

［102］ Sadler P. The seamless organization: Building the company of tomorrow ［M］. London: Kogan Page Publishers, 2001.

［103］ Santoro M D, McGill J P. The effect of uncertainty and asset co - specialization on governance in biotechnology alliances ［J］. Strategic management journal, 2005, 26 (13): 1261-1269.

［104］ Schankerman M, Pakes A. Estimates of the value of patent rights in European countries during the post-1950 period ［M］. National Bureau of Economic Research Cambridge, 1987.

［105］ Schumann P A, Prestwood D, Tong A H, Vanston J. Innovate!: Straight path to quality, customer delight, and competitive advantage ［M］. New York: McGraw-Hill, 1994.

［106］ Shenhar A J. From low- to high- tech project management ［J］. R&D management, 1993, 23 (3): 199-214.

［107］ Sirmon D G, Hitt M A, Ireland R D. Managing firm resources in dynamic environments to create value: Looking inside the black box ［J］. Academy of management review, 2007, 32 (1): 273-292.

［108］ Slater S F, Narver J C. Market orientation and the learning organization ［J］. The Journal of marketing, 1995: 63-74.

［109］ Smith K G, Collins C J, Clark K D. Existing knowledge, knowledge creation capability, and the rate of new product introduction in high-technology firms ［J］. Academy of management journal, 2005, 48 (2): 346-357.

［110］ Sottong S. E-Book Technology: Waiting for the "False Pretender" ［J］. Information technology and libraries, 2001, 20 (2): 72-80.

［111］ Staudenmayer N A, Cusumano M A. Alternative designs for product component integration ［D］. Cambridge: Sloan School of Management, MIT, 1998.

[112] Sweeny J, Soutar G, Johnson L W. The role of perceived risk in the quality-value relationship [J]. Journal of consumer research, 1999 (20): 271-280.

[113] Tang H. An integrative model of innovation in organizations [J]. Technovation, 1998, 18 (5): 297-309.

[114] Teece D J, Pisano G, Shuen A. Dynamic capabilities and strategic management [J]. Strategic management journal, 1997, 18 (7): 509-533.

[115] Thompson A A, Strickland A J, Thompson J. Strategic management: Concepts and cases [M]. New York: Irwin/McGraw-Hill, 1999.

[116] Thompson Jr A A, Strickland III A, Gamble J E. Crafting and executing strategy: Text and readings with OLC with premium content card (Strategic management: Concepts and cases) [M]. New York: McGraw-Hill/Irwin, 2006.

[117] Thornhill S. Knowledge, innovation and firm performance in high-and low-technology regimes [J]. Journal of business venturing, 2006, 21 (5): 687-703.

[118] Torkkeli M, Tuominen M. The contribution of technology selection to core competencies [J]. International journal of production economics, 2002, 77 (3): 271-284.

[119] Utterback J M, Abernathy W J. A dynamic model of process and product innovation [J]. Omega, 1975, 3 (6): 639-656.

[120] Waddock S A, Graves S B. The corporate social performance [J]. Strategic management journal, 1997, 8 (4): 303-319.

[121] Weiss A M, Heide J B. The nature of organizational search in high technology markets [J]. Journal of marketing research (JMR), 1993, 30 (2): 211-234.

[122] Wernerfelt B. A resource - based view of the firm [J]. Strategic management journal, 1984, 5 (2): 171-180.

[123] Zahra S A. Technology strategy and new venture performance: a study of corporate-sponsored and independent biotechnology ventures [J]. Journal of business venturing, 1996, 11 (4): 289-321.

[124] Zahra S A, Covin J G. Business strategy, technology policy and firm performance [J]. Strategic management journal, 1993, 14 (6): 451-478.

[125] Zahra S A, Fescina M. Will leveraged buyouts kill US corporate research & development? [J]. The executive, 1991, 5 (4): 7-21.

[126] Zahra S A, George G. Absorptive capacity: A review, reconceptualization, and extension [J]. Academy of management review, 2002, 27 (2): 185-203.

[127] Zahra S A, Hayton J C. The effect of international venturing on firm performance: The moderating influence of absorptive capacity [J]. Journal of business venturing, 2008, 23 (2): 195-220.

[128] Zahra S A, Nielsen A P. Sources of capabilities, integration and technology commercialization [J]. Strategic management journal, 2002, 23 (5): 377-398.

[129] 安同良. 中国企业的技术选择 [J]. 经济研究, 2003 (07): 76-92.

[130] 安茂春. 技术成熟度评价及应用 [J]. 计算机测量与控制, 2012 (12): 3277-3281.

[131] 宝贡敏. 技术战略企业生存发展之本 [J]. 企业改革与管理, 1997 (9): 34-36.

[132] 陈玥希, 蔡建峰, 郭鹏. 基于行业生命周期的企业技术创新战略选择 [J]. 科技与管理, 20057 (3): 102-104.

[133] 陈劲, 何郁冰. 资源特性、能力系统与技术演化——对企业技术多样化的理论解析 [J]. 西安电子科技大学学报 (社会科学版), 2008 (03): 1-7.

[134] 程源, 傅家骥. 企业技术战略的理论构架和内涵 [J]. 科研管理, 2002 (05): 75-80.

[135] 陈国宏, 肖阳, 金铃娣. 企业技术发展战略选择的多维结构分析简介 [J]. 科研管理, 2002 (01): 84-91.

[136] 储雪林. 技术管理学概论 [M]. 合肥: 中国科技大学出版社, 1997.

[137] 崔远淼. 基于企业边界视角的技术创新模式选择研究 [D]. 上海: 复旦大学, 2005.

[138] 陈晓玲. 论企业技术创新战略的基本类型 [J]. 科技进步与对策, 2001 (04): 77-78.

[139] 程源, 傅家骥. 企业技术战略的理论构架和内涵 [J]. 科研管理, 2002, 23 (5): 75-80.

[140] 郑承志, 黄淑兰. 知识创造的 SIO-IE 模型——对野中郁次郎 SECI 模型的修正与改进 [J]. 电子科技大学学报 (社科版), 2010 (03): 15-18.

[141] 郑海航, 付彦. 论企业核心竞争力 [J]. 北京工业大学学报 (社会科学版), 2001 (01): 36-41.

[142] 傅家骥, 程源. 面对知识经济的挑战, 该抓什么?——再论技术创新 [J]. 中国软科学, 1998 (07): 36-39.

[143] 傅素英. 我国高新技术产品出口特征及竞争力影响因素分析 [J]. 宁波大学学报 (人文科学版), 2010 (04): 92-96.

[144] 郭亮, 于渤, 郝生宾. 动态视角下的企业技术集成能力内涵及构成研究 [J]. 工业技术经济, 2012 (05): 11-18.

[145] 郝生宾. 面向自主创新的企业技术战略作用机理及决策研究 [D]. 哈尔滨: 哈尔滨工业大学, 2009.

[146] 郝生宾, 于渤. 技术战略对企业自主创新作用路径的实证研究 [J]. 研究与发展管理, 2009 (03): 63-69.

[147] 黄生权, 曹斌, 王洪宇. 基于 DEA 的我国中小企业技术创新战略选择模型 [J]. 技术经济, 2010 (09): 30-32.

[148] 黄燕, 彭灿. 基于集成创新的企业技术跨越模式研究 [J]. 中国科技论坛, 2007 (04): 99-102.

[149] 黄伟忠. 劲力公司客车空调竞争战略研究 [D]. 兰州: 兰州大学, 2010.

[150] 胡宜挺, 李万明. 企业核心竞争力构成要素及作用机理 [J]. 技术经济与管理研究, 2005 (2): 20-22.

[151] 惠益民, 顾昌耀. 高技术系统演化的技术相关效应与交叉协同原理 [J]. 研究与发展管理, 1989 (03): 16-19.

[152] 贾凤亭. 技术系统演化的复杂性分析 [J]. 系统科学学报, 2006 (01): 63-67.

[153] 姜黎辉, 张朋柱, 龚毅. 不连续性技术创新与技术环境扫描模式关系研究 [J]. 软科学, 2006 (04): 86-89.

[154] 金清. 企业自主创新模式选择研究 [D]. 哈尔滨: 哈尔滨工程大学, 2008.

[155] 雷思温. 企业管理与民族传统 [J]. IT 经理世界, 2005 (22): 100-101.

[156] 刘芳, 江屏, 檀润华. 基于技术杂交的一类产品技术集成创新设计 [J].

机械工程学报，2011（21）：123-132.

[157] 刘立. 企业 R&D 投入的影响因素：基于资源观的理论分析 [J]. 中国科技论坛，2003（06）：76-79.

[158] 刘雪锋. 网络嵌入性与差异化战略及企业绩效关系研究 [D]. 杭州：浙江大学，2007.

[159] 厉无畏. 产业融合与产业创新 [J]. 上海管理科学，2002（4）：4-6.

[160] 吕强. 基于核心能力的企业集成创新模式探讨 [J]. 经济纵横，2006（09）：69-71.

[161] 吕玉辉. 企业技术创新的模式及战略机会选择 [J]. 商业时代，2006（35）：31-37.

[162] 孔凡星. 基于双生命周期理论的技术创新战略选择模型的研究 [D]. 西安：西安工程大学，2012.

[163] 李春青. 企业战略管理新范式探索 [J]. 企业经济，2003（11）：50-51.

[164] 李浩，戴大双. 企业竞争战略与技术创新战略的整合 [J]. 科学学与科学技术管理，2002（06）：37-40.

[165] 李晓峰. 企业技术创新风险测度与决策及其预控研究 [D]. 成都：四川大学，2005.

[166] 李纪珍. 企业的多层次技术选择 [J]. 科学管理研究，1999（06）：22-24.

[167] 李正卫. 动态环境条件下的组织学习与企业绩效 [D]. 杭州：浙江大学，2003.

[168] 马文聪，朱桂龙. 环境动态性对技术创新和绩效关系的调节作用 [J]. 科学学研究，2011（03）：454-460.

[169] 马苏常，刘学斌. 基于 TIRZ 的技术成熟度预测研究及应用 [J]. 天津工程师范学院学报，2007（03）：15-18.

[170] 马中东，陈莹. 环境规制约束下企业环境战略选择分析 [J]. 科技进步与对策，2010（11）：110-113.

[171] 毛荐其，刘娜. 基于技术生态的技术协同演化机制研究 [J]. 自然辩证法研究，2010（11）：26-30.

[172] 孟庆伟，扈春香. 关于自主性技术创新中的技术融合 [J]. 科学管理研究，

2003（02）：6-10.

[173] 梅姝娥. 技术创新模式选择问题研究［J］. 东南大学学报（哲学社会科学版），2008（03）：20-24.

[174] 慕玲，路风. 集成创新的要素［J］. 中国软科学，2003（11）：105-111.

[175] 彭纪生，刘春林. 自主创新与模仿创新的博弈分析［J］. 科学管理研究，2003（06）：18-22.

[176] 强志源. 市场经济条件下的企业财务管理初探［J］. 现代财经-天津财经学院学报，1993（05）：31-34.

[177] 秦颖. 自主创新主体的再界定［J］. 经济问题，2007（12）：16-18.

[178] 雎国余，蓝一. 企业目标与国有企业改革［J］. 北京大学学报（哲学社会科学版），2004（03）：22-35.

[179] 芮明杰，任红波，李鑫. 基于惯例变异的战略变革过程研究［J］. 管理学报，2005（06）：654-659.

[180] 栗静坤. 中国汽车产业技术选择战略研究［D］. 长春：吉林大学，2013.

[181] 孙武军. 网络外部性、产品差异化与企业技术控制策略［J］. 管理科学学报，2008（02）：43-49.

[182] 尚勇. 增强自主创新能力建设创新型国家［J］. 中国软科学，2005（07）：1-3.

[183] 司军. 企业核心竞争力——管理创新与技术创新的融合［J］. 中小企业管理与科技（上旬刊），2010（10）：29-30.

[184] 唐斌阳. 基于核心竞争力的企业战略研究［D］. 武汉：武汉大学，2005.

[185] 汤文仙. 技术融合的理论内涵研究［J］. 科学管理研究，2006，24（4）：31-34.

[186] 王明友. 国有企业技术创新的基本对策思路［J］. 经济与管理研究，1999（05）：32-34.

[187] 王笛. 技术发展战略：咨询公司增强核心竞争力的关键［J］. 华东理工大学学报：社会科学版，2003（1）：66-69.

[188] 王红. 企业技术战略对创新绩效的影响［D］. 杭州：浙江大学，2006.

[189] 王凤荣. 企业价值二元化背景下的企业目标［J］. 山东师范大学学报（人

文社会科学版)，2004 (01)：128-130.

[190] 王金柱. 技术系统复杂性的类型分析及设计启示 [J]. 系统科学学报，2012 (04)：23-26.

[191] 王新宇，张仲义，刘建生. 软件企业技术创新战略选择三维模式研究 [J]. 生产力研究，2009 (09)：142-144.

[192] 王毅，吴贵生. 以技术集成为基础的构架创新研究 [J]. 中国软科学，2002 (12)：67-71.

[193] 汪应洛，马亚男. 中国经济发展战略综述 [J]. 改革与战略，2002 (2)：33-37.

[194] 魏江，许庆瑞. 企业创新能力的概念、结构、度量与评价 [J]. 科学管理研究，1995 (05)：50-55.

[195] 魏江，王铜安. 装备制造业与复杂产品系统 (CoPS) 的关系研究 [J]. 科学学研究，2007 (S2)：299-304.

[196] 肖广岭，柳卸林. 加入 WTO 与我国轿车工业技术创新 [J]. 科学学与科学技术管理，2001 (01)：27-30.

[197] 谢科范，董芹芹，陈云. 基于资源集成的自主创新模式辨析 [J]. 科学学研究，2007，25 (A01)：110-113.

[198] 许庆瑞，郭斌. 中国企业技术创新——基于核心能力的组合创新 [J]. 管理工程学报，2000，14 (B12)：1-9.

[199] 许志晋. 适用技术系统演化的一般机制探析 [J]. 科学学研究，1993 (01)：44-48.

[200] 徐晔，黎翔. 基于技术融合的 IT 企业创新模式研究 [J]. 江西财经大学学报，2012 (3)：30-38.

[201] 杨国忠. 企业自主技术创新模式选择与投资决策研究 [D]. 长沙：中南大学，2007.

[202] 杨省贵，张平. 企业技术战略管理中的问题剖析及对策研究 [J]. 成都信息工程学院学报，2002，17 (1)：54-58.

[203] 杨水旸. 自主创新的理论基础和基本模式探讨 [J]. 工业技术经济，2005 (07)：2-4.

[204] 叶笛，林东清. 信息系统开发团队知识整合的影响因素分析——基于相似吸引理论与社会融合的研究视角 [J]. 科学学研究，2013（05）：711-720.

[205] 雍小龙. 企业终端促销之差异性促销 [J]. 中国市场，2011（48）：42-43.

[206] 远德玉，董中保，常向东. 国有大中型企业技术创新的潜力开发与能力发展 [J]. 中国科技论坛，1994，4（2）：24-30.

[207] 于刃刚，李玉红. 论技术创新与产业融合 [J]. 生产力研究，2003（06）：175-177.

[208] 余志良，张平，区毅勇. 技术整合的概念、作用与过程管理 [J]. 科学学与科学技术管理，2003（03）：38-40.

[209] 张平亮. 企业技术创新系统的战略分析和研究 [J]. 科技管理研究，2006（06）：87-89.

[210] 朱锐. 基于产品生命周期的企业战略创新模式选择研究 [D]. 武汉：武汉理工大学，2009.

[211] 张磊，王淼. 西方技术创新理论的产生与发展综述 [J]. 科技与经济，2008（01）：56-58.

[212] 张静中. 产品差异化策略与企业自主创新 [J]. 中国流通经济，2007（02）：41-44.

[213] 张米尔，杨阿猛. 基于技术集成的产品创新和产品衍生研究 [J]. 科研管理，2005，26（1）：36-41.

[214] 张军，张素平，许庆瑞. 企业动态能力构建的组织机制研究——基于知识共享与集体解释视角的案例研究 [J]. 科学学研究，2012（09）：1405-1415.

[215] 张茜. 企业自主创新的实现路径及其模式选择研究 [D]. 淄博：山东理工大学，2009.

[216] 张正义. 把握三个要点推进集成创新 [J]. 中国科技信息，1999：80-81.

[217] 张震宇，陈劲. 基于开放式创新模式的企业创新资源构成、特征及其管理 [J]. 科学学与科学技术管理，2008（11）：61-65.

[218] 赵曙明. 我国企业国际化经营的战略思考 [J]. 经济研究参考，1995（07），38-46.

[219] 赵晓庆，许庆瑞. 战略管理：危机与挑战 [J]. 科研管理，2000（06）：1-7.

［220］周传典. 中国钢铁工业发展的几个问题［J］. 环渤海经济瞭望，1998
（02）：22-27.

［221］周伟. 对"企业生命周期理论"的回顾和思考［J］. 当代经济管理，2008
（09）：36-39.

［222］周晓宏. 技术集成概念过程与实现形式［J］. 科研管理，2006（06）：
118-124.

［223］周振华. 产业融合：产业发展及经济增长的新动力［J］. 中国工业经济，
2003（04）：46-52.

附录　企业技术融合创新模式选择调查问卷

尊敬的女士/先生：

您好！非常感谢您抽出宝贵的时间填写此调查问卷。

本问卷是为"企业技术融合创新模式选择"研究收集数据资料。本研究成果将有利于企业技术融合学术研究的完成和实践上的应用，如果得到您的协助，将有助于该研究的顺利完成，烦请您百忙之中抽出片刻时间填写问卷。同时，我们保证您所提供的资料仅用于学术研究，并对您所有信息予以保密。如果您对该研究项目感兴趣，敬请在问卷后留下联系方式，我们将会在项目研究结束后寄送研究成果供您参考！

再次感谢您对我们完成本研究提供的帮助！

中国人民大学商学院企业技术融合创新研究课题组

第一部分　基本信息

请您在认可的选项"□"处打"√"

1. 姓名（自愿，可不填）　　2. 企业名称

3. 企业产权性质：

□国有企业（含国有控股）　　□民营企业（含私人控股）

□外资企业（含外资控股）　　□不清楚

4. 企业主营业务所在行业领域：

□食品业　□纺织服装业　□机械制造业　□IT 行业

□建筑业　□通信行业　□石油化工业　□生物及医药业

□商业　　□金融业　　□其他行业

5. 企业近两年年均销售总额（人民币：元）：

□<500万　　□501万～1000万　　□1001万～3000万　　□3001万～1亿

□1亿～5亿　□5亿以上

6. 您的职务：□高管　□中层管理　□其他

7. 您的工作性质：

□技术　□生产　□市场（销售）　　□行政后勤　　□其他

8. 企业研发费用占销售额比重：

□<0.5%　□0.5%～1%　□1%～1.5%　□1.5%～2%

□2%～5%　□5%以上

9. 企业近两年研究开发人员占员工总人数的平均比重：

□<2%　□2%～5%　□5%～10%　□10%～20%

□20%～40%　□40%及以上

10. 企业员工人数：

□15～300　□300～2000　□2000以上

11. 企业年龄：

□3年以下　□3～5年　□6～10年　□11～25年　□25年以上

12. 企业目前处于技术发展战略的哪个阶段：

□技术导入阶段　□技术发展的中级阶段　□技术发展的高级阶段

第二部分

序号	下列选项，请您在相应选项上打 "√"	非常不正确 1	不正确 2	没意见 3	正确 4	非常正确 5
市场需求的差异化						
1	企业所在市场上，产品之间有显著的质量、结构、性能差异					

续表

序号	下列选项，请您在相应选项上打"√"	非常不正确 1	不正确 2	没意见 3	正确 4	非常正确 5
2	企业所在市场上，产品之间有显著品牌、广告制造的心理差异					
3	企业所在市场上，产品之间有显著的服务差异					
市场需求的变动性						
4	公司业务市场上，消费者的偏好变化速度很快					
5	企业所在行业技术变化速度很快					
6	企业所在行业产品更新换代的速度很快					
竞争者对非价格竞争的偏好程度						
7	企业竞争者更偏向通过推出有特色的产品来吸引顾客					
8	企业竞争者不太愿意通过降价来吸引顾客					
行业技术成熟度						
9	本行业技术发展非常成熟					
10	与本企业相关的行业技术发展非常成熟					
技术积累水平						
11	目前本企业的技术已经积累到了相当的高度					
12	企业已掌握本行业的核心技术					
13	企业在同行中拥有较多的研发成果（专利申请量、科技成果获奖）					
吸收/学习能力						
14	企业非常善于通过各种渠道获取知识					
15	企业能很快识别出内外部新信息、新技术					
16	企业能将外部获取的新知识与自身知识迅速融合					
17	企业能快速有效地将新知识应用到相关产品或服务上					
创新资源投入水平						
18	企业会投入高额的研发经费					
19	企业有高素质的研发人员					
20	企业有先进的仪器、设备					

续表

序号	下列选项，请您在相应选项上打"√"	非常不正确 1	不正确 2	没意见 3	正确 4	非常正确 5
21	企业有有效的信息、情报收集渠道					
技术发展战略目标						
22	公司追求那些能够强化公司长期竞争力的创新项目					
23	企业关心某项技术的潜在应用价值					
24	当长期目标与短期利益有冲突时，企业不会为了短期的财务利益，放弃能够提高公司长期竞争地位的机会					
战略市场领先						
25	企业注重在一些全新的领域进行技术开发上的尝试					
26	企业注重向市场引入全新产品					
27	企业注重引领行业技术的发展					
战略市场追随						
28	企业更乐意对已有的技术/产品进行改良，以快速适应市场需要					
29	企业经常基于已有技术的扩展来增加产品/服务的功能和种类					
30	企业注重在操作规则、制作流程、工作程序、工作进度方面的技术创新					

第三部分

选择题（在以下选项中选择最贴合的一项，用"√"表示）

在企业融合多项技术的产品中，自己创新的部分在其中所占比重				
几乎没有	较少	一般	较多	非常多

致　　谢

在敬爱的导师李平教授的悉心教诲之下，经过三年的酝酿、近两年的准备、一年多的写作之后，本书终于定稿。论文在整个酝酿、构思、写作过程中，得到了很多老师、同学和朋友的帮助、鼓励和支持。

首先，我要感谢我的导师，李平教授。李老师治学态度严谨，理论功底深厚，以其敏锐的学术洞察力、丰富的科研经验、前瞻的思维方式和达观的人生态度一直深刻影响着我。在本书写作过程中，李老师从立意选题、文献研究、结构框架、理论推导、研究设计乃至具体文字等方面都给予了我悉心的指导；大到谋篇布局，小到遣词造句，每一步都倾注了李老师的大量心血。每次当我完成一部分之后，李老师都会对一些具体内容和观点不厌其烦地和我反复推敲，耐心细致地对我授业解惑。为了给我留出更充裕的写作时间，李老师经常利用周末、节假日休息时间审阅写作进度，有时清晨早起，有时直至深夜，总是及时地为我提出指导意见。李老师执教已逾三十年，始终勇于探索、不断创新，具有渊博深厚的学术底蕴、缜密清晰的逻辑思维能力以及深入浅出的教学功底。李老师高瞻远瞩、追求真理的学术精神和光明磊落、豁达的人生态度是我终身学习的榜样和我一辈子的精神食粮。

本书的顺利完成还要感谢赵苹教授、王保林教授、梁雨谷副教授在写作中给予了我许多有益的帮助，使我进一步明确了研究重点和方向，为我的后续研究提供了有价值的思路。感谢黄卫伟教授、毛基业教授、刘国山教授、王刊良教授、左美云教授、王珊副教授、易靖韬副教授和美国阿德尔菲大学黄志民教授给予我的指点和点拨，帮我更清楚地认识到了研究重点，恰当地选择了研究方法。感谢我的同门好友康力、陈红花、许广永、刘元名、臧树伟、朱春玲、谭薇、韩燕、李珩、谢朝鹏、陈凯、薛静、张建军等对我的帮助、鼓励和支持，与他们的交流给了我很多的启迪。同窗好友许士琴、黄峻、李秋迪、梁云、杨静、苏芳、柴雯、魏子秋、王一卉、张铭慎、杨华、沈立军、付东普、孙飞、陈义国、贺安华等给了我很多热情的帮助，他们在研究方法和研究思路等方面给了我很多有价值的意见，特别要感谢李焱、周聪慧，和她们在一起共同拼搏的时光，成为我的美好回忆。

我要感谢我以往的同学兼好友沈惠伟、刘程程、任荣华、牛莉莉、杨英、叶笑、王莎、贾博、汪晶晶、张思明、曹月斌、张蒙、王剑、林吉会、吴盛武等给予我的帮助，他们长期以来对我的帮助、信任和鼓励，促成了数据收集工作的顺利完成。在此对他们表示最诚挚的谢意。

我还要感谢山东政法学院的各位领导和老师给予我的指导和帮助。自工作以来，他们在教学方法和研究领域给了我很多支持和鼓励，使我有勇气和精力继续补充完善此研究。特别感谢李波老师向我推荐知识产权出版社，感谢出版社的韩冰编辑给予我的耐心帮助和指导，对本书的最终出版起到了关键的作用。

最后，我要感谢我的家人，他们给予了我无尽的关心、理解与支持，是我力量的源泉，是我坚强的后盾。没有他们的支持，我是无法全身心投入到我的学习和研究中的。家人永远是我前进的动力，在撰写最艰辛的时候，是他们的鼓励和支持才使我有力气继续走下去。每当我在这条路上彷徨时，是导师、同学、同事、朋友和家人们对我的期望让我不断获取力量，坚强走过这段苦涩、漫长而有意义的日子。

再次感谢所有关心、帮助、鼓励和支持我的每一个人！感谢你们！

杨凤鲜